가슴으로 드리는 기도 3

(수정신판)

가슴으로 드리는 기도 3

하느님과의 일치를 향한 여정

정규한 지음

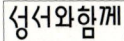

일러두기

이 책은 가톨릭 공용 《성경》에 맞춰 수정한 판입니다.
성경 ⓒ 한국천주교중앙협의회 2005

차 례

책머리에 · 7

머리말 · 13

제1장 하느님과의 일치를 향한 출발점 · 17

    1. 인식 차단으로부터의 해방 · 25

    2. 착한 사마리아 사람의 비유 · 28

    3. 결단의 때 · 32

    4. 회개와 믿음 · 35

제2장 예수님의 참모습을 맛들이고 닮기 · 45

    1. 생각하는 기도에서 벗어나기 · 45

    2. 힘을 빼는 비움(*kenosis*) – 내맡김 · 52

제3장 정화淨化 · 64

    1. 자신의 정화 · 64

    2. 참된 정화를 위한 무미건조한 영적 메마름의 극복 · 69

3. 내맡기는 무소유의 삶 · 74

제4장　사랑의 질적 변화 · 84

　　　1. 대상이 들어오는 기도 · 87

　　　2. 조화로운 삶을 향하여 · 97

제5장　사랑의 실천 : 제자들의 발을 씻어 주시다 · 109

제6장　부활 체험 · 117

　　　1. 제자들의 부활 체험 · 120

　　　2. 부활에 대한 확신 · 125

제7장　일치 기도 · 131

인용문의 출처 · 141

책머리에

●

영국 최고의 문학상인 휘트브레드 문학상(British Whitbread Award)의 1989년도 수상 작품은 크리스토퍼 놀런(Christopher Nolan)의 자전적 소설 《시계의 눈 밑에서(Under the Eye of the Clock)》였습니다. 아일랜드 사람인 크리스토퍼 놀런은 3세 때 뇌성마비가 되어 오직 눈으로만 의사를 표현할 수 있을 뿐, 말도 못하고 듣지도 못하며 손을 움직일 수도 없습니다. 그는 이마에 작은 막대기를 붙이고 키를 누르는 방법으로 타자를 쳤는데 한 쪽에 열두 시간이 걸렸습니다. 그는 자신의 말대로 쓸모없는 육체를 가지고 있습니다. 그런데 그가 어떻게 위대한 시인이요, 소설가가 될 수 있었을까요? 그는 "주변 사람들이 나를 내 모습 그대로 받아 주었기 때문(They accepted me for what I am)"이라고 고백합니다. 거부는 사람을 슬픔과 좌절로 몰아가지만, 받아 줌은 희망의 출발이며 의욕과 노력의 동력이 됩니다.¹

지금 이 세상은 자신에게 이익이 되지 않으면 모든 것을 거부하는 세상으로 변해 가고 있습니다. 조금도 손해를 보려 하지 않고 불편한 것을 참으려 하지도 않습니다. "사회, 정치뿐만 아니라 종교까지도 이기주의가 판치고 있습니다. 사회에서는 님비(NIMBY: not in my backyard) 현상이 일어나 혐오시설이나 장애인시설이 자기 지역에 들어오는 것을 허락하지 않습니다. 정치는 지역 이기주의로 환경을 파괴하고 있습니다. 더구나 사회의 빛과 소금이 되어야 할 교회도 자신만을 생각하는 이기주의에 물들고 있는 듯합니다."²

이러한 세상과 자신을 변화시킬 수 있는 것은 거부가 아니라 '받아들임'입니다. 만약 놀런을 받아 주는 사람이 없었다면, 위대한 시인이요 소설가를 우리는 만날 수 없었을 것입니다. 받아들임에는 세 가지 종류가 있다고 볼 수 있습니다. 첫째는 '육신의 귀'로 받아들이는 것인데, 이것은 다른 사람과 의사소통의 문을 여는 이해의 시작이며 사랑의 출발점입니다. 두 번째는 '마음의 귀'로 받아들이는 것인데, 이것은 사랑입니다. 세 번째는 '영혼의 귀'로 하느님의 말씀을 받아들이는 것입니다. 우리는 이 세 종류의 받아들임을 실천하도록 노력해야 할 것입니다. 어쩌면 나 하나만의 '받아들임'으로는 너무나 미약하다고 생각할지 모르지만, 그것은 결코 미약하지 않습니다.

크리스타(Pax Christa)의 우화에 이런 이야기가 있습니다. 실연을 당한 비둘기 총각이 우울하게 앉아 있을 때 참새가 찾아와 물었습니다.

"너는 눈 한 송이의 무게가 얼마나 되는지 아니?"

비둘기가 무뚝뚝하게 대답했습니다.

"그런 걸 내가 어떻게 알아, 어쨌든 별거 아닐 거야."

그러자 참새는 자신의 경험담을 이야기했습니다.

"너는 눈 한 송이의 무게가 별거 아니라고 말하는데

내 이야기를 들어 보렴. 어느 날 나뭇가지에 앉아 노래를 부르고 있는데 눈이 오기 시작했어. 꿈나라와 같이 슬로우 비디오로 보듯 아주 조용히 내려와 작은 가지 끝에 사뿐사뿐 내려앉는데 심심풀이로 세기 시작했지. 정확하게 374만 1952송이가 내려앉을 때까지는 아무 일이 없었는데, 다음 한 송이가 내려앉았을 때 가지가 부러졌어."

참새가 떠난 뒤에 비둘기는 이렇게 중얼거렸다.

"노아의 대홍수 때 우리 조상이 올리브 이파리 한 개를 물어다 주었더니 노아가 큰 희망을 갖게 되었다는 이야기가 바로 그것이군. 별거 아닌 눈송이 하나의 무게, 별거 아닌 올리브 잎 하나의 무게. 그렇지, 나도 한 번 더 해 보자."

그래서 그는 열한 번 거절당한 비둘기 처녀에게 가서 열두 번째 청혼을 하였습니다. 그랬더니 뜻밖에도 그 처녀 비둘기로부터 승낙을 얻어 냈다고 합니다.[3]

마지막 한 송이의 눈이 나뭇가지를 부러뜨리듯이, 우리의 미약한 '받아들임'으로 세상은 조금씩 희망을 가지게 되고 변화하게 될 것입니다. 왜냐하면 받아들이는 만큼 다른 사람들과 일치하게 되고, 하느님과 일치하기 때문입니다. 받아들이는 것이 곧 사랑이고 받아들일수록 조그마한 눈송이가 모아지는 사랑의 공동체로 발전하게 될 것입니다. 양은 길을 잃기 쉽다고 합니다. 그 이유는 앞을 쳐다보는 일 없이 땅만 내려다보며 걷기 때문이라고 합니다. 우리도 '나의 욕심 또는 집착'이라는 땅만 바라보며 다른 사람들을 거부하면 길을 잃게 되겠지만, '하느님과의 일치'라는 앞을 내다보고 다른 사람들을 받아들이며 나아간다면 길을 잃지 않는 사랑의 공동체가 될 것입니다.

이 책에 앞서 《가슴으로 드리는 기도 1 - 어떤 기도를 해야 하는가?》와 《가슴으로 드리는 기도 2 - 어떻게 기도에 맛들일까?》를 펴낸 바 있습니다. 이 책은 그 연장선에서 끝없는 비움의 과정을 통하여 자신을 정화하고 타인을 받아들여 하느님과 일치하고 싶은 사람들을 위한 것입니다. 워터게이트 사건의 주역이었던 에리히만(John Erlichman)은 오랜 감옥살이에서 풀려나오던 날 이런 말을 했다고 합니다. "나는 50년을 살면서 아직까지 한 번도 무엇이 더 중요하며 무엇이 덜 중요한지, 무엇이 더 가치 있으며 무엇이 덜 가치 있는지를 생각해 본 일이 없었습니다."[4] 인생을 살아가면서 참으로 중요하고 가치 있는 삶이 무엇인지를 알고 찾아가는 것은 중요합니다. 그것은 바로 '받아들임' 속에서 나오는 '하느님과의 일치를 향한 여정'을 떠나는 것입니다.

> 안개 구름이 산을 뒤덮은
> 첩첩산중 진부 산자락
> 몇몇 산 정상만은 덮지 못한 채
> 소나무 몇 그루만 보인다네
> 그 많던 소나무를 먹어 지운 안개 구름은
> 한가한 바람을 못 이긴 채
> 이제 소나무를 되새김질하는 듯
> 하나 둘씩 내어 놓는다.

2005년 9월 순교자 성월에
진부 산중에서
정규한 신부

머리말

•

우리가 처음 영적인 길을 갈 때는 아무것도 모르고 어떻게 해야 할지도 모르는 나약한 상태에서 출발하게 됩니다. 이 상태에서 영적인 길을 가고 영적으로 성숙하기 위해서는 수고라는 대가를 지불해야 합니다. 수고라는 대가 속에는 "귀중한 것도 선뜻 내줄 수 있는 부유한 마음"[5]을 가지려는 태도가 포함되어 있습니다. 이런 태도로 하느님의 말씀을 듣고 삶 속에서 그분을 체험한다 하더라도, 우리는 그분을 향해 조금씩 다가갈 수 있을 따름입니다. 왜냐하면 하느님을 만난다는 것은 점진적인 것이기 때문입니다. 그분께 다가가는 그만큼 귀중한 것을 내놓는 우리 마음의 태도는 변화되고 변모됩니다. 이는 현실적이고 실천적인 행동이 따르는 그런 변모입니다.

기도를 처음 시작하는 사람이 귀중한 것을 기꺼이 내놓는 태도를 지니고 있다 하더라도, 하느님의 현존을 체험한다는 것은 결코 쉬운 일이 아닙니다. 처음 출발하는 사람에게 영의 세계는 아직 이해할 수 없는 세계이기 때문입니다. 더욱이 하느님께 가까이 가려고 해도 그렇게 되지 못하는 것은 복잡하게 얽힌 생각이나 시끄러움이 집중할 수 없게 만들기 때문입니다. 우리가 하느님의 현존을 체험한다는 것은 하느님 밖, 즉 생각이나 시끄러움 같은 공허에 더 이상 머물지 않는다는 뜻입니다. 공허에 머문다는 것은 아직 하느님의 음성을 알아듣지 못하는 것을 말하며, 이때 들을 수 있는 것은 머리나 마음에서 일어나는 감정의 소음이나 물질주의적인 세상의 유혹 또는 쾌락의 소리와 같은 것입니다. 기도를 한다는 것은 무슨 생각을 분석하거나 내 죄의 비참함을 살피기 위한 것이 아니라, 우리를 사랑으로 채워 주고자 하시는 하느님을 만나 뵙기 위한 것입니다.

그러나 이렇게 하느님께 가려고 해도 완전히 일치할 수 없는 것은 우리에게 막 태어나려는 영적인 인간과 함께 육적인 인간이 있기 때문입니다. 인간 안에는 이 같은 "두 가지 흐름의 움직임"[6]이 있습니다. 다시 말해 영적인 인간으로의 변모를 고통스럽게 받아들일 수밖에 없는 육적인 인간이 여전히 남아 있기 때문에, 우리와 하느님의 일치가 어려워집니다. 이 일치를 가로막는 것은 우리를 둘러싸고 있는 육적인 환경입니다. 우리가 이 육적인 것들에 걸려 넘어지지 않으려면, 기도를 포기하지 않으면서 하느님 안에 끝끝내 머무르려는 노력이 필요합니다.

기도를 포기하지 않으면서 좀 더 깊고 꾸준하게 기도하기 위해서는, 기도가 어떤 과정을 통하여 하느님과의 일치를 향하여 나아가는지를 알아야 합니다. 기도에는 거쳐 가야 할 과정이 있습니다. 따라서 우리가 어느 과정에 있으며 어디로 갈 것인지를 보면서 하느님과의 일치를 향하여 나아가도록 애써야 합니다. 하느님과 일치하기 위해 나아가는 여정은 사랑의 하느님과 더 일치되는 과정을 말합니다. 더욱 순수해지고 깨끗해지고 아름다워지는 그런 사랑의 과정입니다. 이 과정을 좀 더 자세히 살펴보도록 하겠습니다.

제1장
하느님과의 일치를 향한 출발점

•

미국의 아이오와 주에 상식적으로 납득되지 않는 삶을 산 사람이 있습니다. 그 사람은 '바비 홀더슨'인데, 일생을 교도소에서 보낸 것으로 유명합니다. 그는 죽을죄를 지어서 교도소에 갇힌 것이 아닙니다. 젊은 시절에 죄를 지어 무기징역을 선고받은 그의 어머니가 교도소에서 수감 중에 그를 낳은 것입니다. 교도소 측의 배려로 그의 어머니는 교도소에 있는 동안 아들을 돌볼 수 있었습니다. 아이가 자라 학교에 갈 때가 되자 그를 내보낼 수밖에 없었습니다. 그런데 아이는 그동안 교도소 생활에 익

숙해진 탓도 있고 어머니 품이 그리워 다시 교도소에서 살게 해 달라고 호소했습니다. 세상의 자유로운 삶에 적응하지 못한 그는 교도소의 특별 허가를 받아 다시 교도소에서 지내게 되었습니다. 그는 교도소에 있는 것이 마음 편했으며, 교도소가 마치 자기 집처럼 여겨졌습니다. 그래서 그 사람은 나중에 그 교도소의 교도관이 되어 한평생 교도소에서 살다가 교도소에서 죽었다는 것입니다. 자유로운 삶에 익숙해지지 못했던 한 사람의 인생 이야기입니다.[7]

바비처럼 교도소 안에 있다가 어느 날 갑자기 자유를 얻게 되면 그 자유를 무엇을 위해서 쓰고, 어떻게 사용해야 할지 몰라 갈팡질팡하게 됩니다. 사람이 '참된 자유'를 잃게 되면 자아의식으로 위축되어 자아라는 감옥에 갇히게 됨으로써, 사람들과 하느님으로부터 단절된 채 자기만족을 추구하며 살게 됩니다. 그래서 바비처럼 교도소로 다시 돌아가고 싶어 합니다.

십우도[8]를 보면, 첫 번째 그림이 소를 찾는다(尋牛)는 이야기로 시작됩니다. 소를 찾는다는 것은 소가 도망쳤다는 것을 의미하고, 소가 도망쳤다는 것은 "근원적이고 근본적인 것에 대해선 … 무지하다는 사실"[9]을 말합니다. 이는 '참 나'와 '거짓 나(내가 아닌 나, 교도소 안의 나)'가 대립하면서 나에 대하여 무지하다는 것을 가리킵니다. 결국 이 무지無知는 거짓 나만 알고 있고 나의 근본적이고 근원적인 모순에 대해서는 알지 못하는 것을 일컫는 말입니다. 이런 무지 상태로 살아간다면 '일상에 푹 빠져 아무 반성 없이 욕망에 따른 감각적인 것에 마음을 빼앗겨 사물의 본질을 볼 수 없게 됩니다. 이렇게 된다면 사물의 근원적인 모습에 주의를 기울이지 않고, 사물은 보이는 그대로 있다고 하는 잘못된 억견臆見 속에서 사는 것이며, 소를 잃어버린 것이라고 할 수밖에 없습니다.'[10] 즉 앞의 바비처럼 어느 것이 진정으로 자유로운 삶인지를 모르면서 자유롭지 못한 교도소의 삶이 자유롭다고 착각하면서 사는 것입니다. 근원으로 돌아가 '참 나'를 찾을 때가 바로 교도소 밖의 삶이 참된 자유의 삶이라는 것을 인식하는 때입니다. 이 점은 창세기에 잘 나타나 있습니다.

주 하느님께서는 사람을 데려다 에덴 동산에 두시어, 그곳을 일구고 돌보게 하셨다. 그리고 주 하느님께서는 사람에게 이렇게 명령하셨다. "너는 동산에 있는 모든 나무에서 열매를 따 먹어도 된다. 그러나 선과 악을 알게 하는 나무에서는 따 먹으면 안 된다. 그 열매를 따 먹는 날, 너는 반드시 죽을 것이다"(창세 2,15-17).

여기서 근원으로 돌아간다는 것은 선악과를 따 먹기 이전의 상태인 하느님과 하나였던 상태로 돌아가는 것을 말합니다. 즉 에덴에서 무엇이든지 마음대로 따 먹었듯이 그때는 무엇을 해도 다 하느님과 하나가 되는 때였습니다. 그러나 선악과를 따 먹음으로써 하느님과 하나가 되어 분별(구분)이 없던 시대에서 인간은 하느님과 갈라지는 분별의 시대를 선택하여 살아가게 되었습니다. 분별이 없는 하느님과 하나였던 그 '참 나'를 잃어버리고 있기에 소가 도망친다는 것이고, 바비처럼 교도소 안에서 살고 싶어 한다는 것입니다.

위의 창세기를 보면, 하느님께서는 아담에게 모든 것을 허락하셨지만 선악과만은 따 먹지 말라고 하십니다.

왜 따 먹지 말라고 하시겠습니까? 처음의 아담은 구분할 줄 모르면서 그냥 하느님과 함께 살았고, 그것은 어린이와 같은 낮은 수준의 의식이었습니다. 그러나 하느님께서는 이렇게 그냥 맹목적으로 수긍하는 인간보다 따 먹지 말라는 '금지'를 알고 그 금지를 초월(금지가 자신에게 영향을 끼치지 않는 상태)하는 높은 의식을 가진 인간이 되도록 아담을 초대하십니다. 즉 처음 창조 때보다 더 높은 의식 상태로 진화하거나 성숙하기를 원하신 것입니다. 그 '금지'는 하나의 시험입니다. 즉 구분할 줄 모르면서 사는 것보다 구분할 줄 알면서 구분하지 않는 삶을 원하신 것입니다. 그래서 선악과만은 따 먹지 말라는 구분의 시험대를 마련하십니다. 이제 인간은 구분하기 시작합니다. '따 먹다'와 '따 먹지 마라'는 구분이 그것입니다. 그리고 뱀은 그 틈새로 들어와 '하느님처럼 눈이 밝아지라고' 말합니다. 하느님처럼 눈이 밝아지라는 유혹은 하느님과 나를 경쟁시키는 것이고, 이것이 교만입니다.

만일 자기가 얼마나 교만한지를 알고 싶거든 "다른 사람이 나를 대수롭지 않게 대할 때, 나를 알아주지 않을 때,

쓸데없이 간섭을 할 때, 나를 돌보아 주는 척할 때, 또는 사랑을 할 때 내가 그것을 얼마나 싫어하는가?"를 자문 자답해 보면 알 것입니다. 각 사람의 교만은 서로 경쟁을 합니다. 내가 좌지우지하려고 하기 때문에 다른 사람이 좌지우지하는 것이 그처럼 보기 싫은 것입니다. 다른 모든 악은 우연히 경쟁적이 될 수 있으나 교만은 근본적인 본질이 경쟁입니다. 교만은 어떤 물건을 갖는 것으로는 절대로 기쁨을 얻지 못합니다. 남보다 더 가질 때에만 기쁨을 얻습니다. 우리는 사람들이 돈이 많거나 똑똑하거나 잘생겼을 때에 교만하다고 하지만, 사실은 그렇지 않습니다. 우리는 다른 사람보다 돈이 더 많거나, 더 똑똑하거나 더 잘생겼을 때에 교만합니다. 만일에 다른 사람도 돈이 많아지고 똑똑해지고 잘생기게 되면 교만할 이유가 조금도 없습니다. 남과 비교할 때에 교만하게 되고 남보다 위에 있게 되는 데서 기쁨을 느끼게 됩니다. 경쟁적 요소가 없어지면 교만도 없어집니다.[11]

아담은 하느님과 경쟁하게 됩니다. 그래서 아담은 하느님처럼 눈이 밝지 못함을 알고 따 먹습니다. 하느님처럼 눈이 밝아지려는 욕심이 교만을 만들고 거기서 기쁨을 찾으려고 합니다. 그 결과 부끄러움과 부끄럽지 않음의 구분이 생겨나고, 이 구분은 점점 커지면서 하느님에게 명령하여 내 종처럼 부리고 싶어 하기까지 됩니다. 주객이 거꾸로 된 것입니다. 하느님과 하나였던 '참 나'를 잃어버리고 '거짓 나'로 포장되어, 구분 짓는 생각이 하느님을 점점 잊게 만듭니다. 문을 두드려도 들리지 않고, 불러도 대답이 없습니다. 보라고 해도 보고 싶지 않고, 보이지도 않게 되는 상태에 이르게 됩니다. 느끼려고 해도 내 식대로 느끼기에 하느님을 느끼지 못하게 됩니다. 모든 것에서 내가 중심이 됩니다. 내 틀이 강하게 되어, 듣고도 듣고 싶지 않고 보고도 보고 싶지 않으며, 모든 것을 내 식으로 보고 듣고 판단하고 싶어 합니다. 내 안에 하느님이 없어진 것입니다.

　이제 우리는 돌아가야 합니다. 내 안에 하느님이 계시도록. 하느님이 모든 것의 중심이 되어야 합니다. 구분하는 생각을 놓을 때 하느님은 내 옆에 계십니다. 이럴 때 주객을 찾은 것이며, 하느님께 순종하기 시작하는 것입니다. 아담과 하와가 죄짓기 이전의 상태로 돌아가는 것이지만, 전과는 다릅니다. 구분을 극복하여 구분할 줄 알면서 구분하지 않는 삶을 살기 때문입니다. 이제 모든 것이 평안하며 하느님 안에서 하나가 됩니다. 창세기를 보면 "그때에 주 하느님께서 흙의 먼지로 사람을 빚으시고, 그 코에 생명의 숨을 불어넣으시니, 사람이 생명체가 되었다"(2,7)고 적혀 있습니다. 이 입김을 불어넣으심은 우리를 당신과의 일치로, 완전한 자로, 높은 의식으로 초대하는 것입니다. 이제 아담이 선악과를 따 먹는 구분하는 생각을 극복해야 하듯, 우리도 그렇게 해야 합니다. 그래서 소가 도망친 것을 자각한 사람은 이제 소를 찾아 나설 수밖에 없습니다.

그러면 어떻게 이러한 구분 짓는 생각으로부터 해방되어 소를 찾아 나서는 과정, 곧 하느님과의 일치를 향한 여정을 시작할 수 있겠습니까? 이것은 인식 차단에서 해방되는 것으로부터 시작할 수 있습니다.

1. 인식 차단으로부터의 해방

:

〈뉴욕 타임스〉지의 과학 난에 "슬픈 인간의 불행은 습관의 문제(Sad people are unhappy as matter of habit)"라는 제목으로 펜실베이니아 대학교의 심리학 교수 마크 길슨(Mark Gilson)의 실험 결과가 소개된 적이 있습니다. 그 실험은 상자에 구멍 두 개를 뚫고, 그 두 구멍에 두 눈을 대고 상자 속을 보게 합니다. 한쪽에는 웃는 얼굴, 다른 쪽에는 슬픈 얼굴을 그린 그림이 있는데, 사람들은 슬퍼하는 얼굴과 기쁜 얼굴을 동시에 보지 못했습니다. 즉, 어떤 사람은 기쁜 얼굴을 보고, 또 어떤 사람은 슬픈 얼굴을 보았습니다. 상자 속에 두 장의 그림이 나란히 있음에도 불구하고, 어떤 사람에게는 웃는 얼굴의 그림은 보이지 않고 슬픈 얼굴의 그림만이 보였던 것입니다. 이렇게 어느 한쪽만 보는 현상을 가리켜 그는 인식 차단(cognitive blockade)이라고 불렀습니다. 그의 연구 결과에 의하면, 자기 자신과 이 세상을 보는 태도가 어느 쪽 그림이 눈에 들어오는지를 결정짓는다는 것입니다. 즉 자기 자신을 슬프고 가련하게 보는 사람의 눈에는 슬픈 얼굴의 그림만이 들어왔고, 자기 자신을 긍정적으로 보는 사람의 눈에는 기쁜 얼굴의 그림이 들어왔던 것입니다.[12]

'내 생각'이라는 것 때문에 인식이 차단된 채 사물들이 우리에게 들어옵니다. 즉 '내 생각'이 많으면 다른 사람의 말이 들어오지 않습니다. 물소리가 크면 주변의 소리가 들리지 않듯이 말입니다. 내가 가진 선입견, 편견 및 나만의 방식 때문에 다른 사람을 판단하고 규정짓게 됩니다. 이야기를 들을 때 있는 그대로 듣지 못하고 내 생각이 판단을 내리고 내 방식대로 듣도록 강요합니다. 그래서 우리는 다른 사람의 말을 제대로 들을 수 없을 뿐 아니라 하느님의 소리는 더더욱 들을 수가 없습니다. 내 목소리가 커져 있는데, 어떻게 하느님의 소리를 들을 수 있겠습니까! 문제는 내 생각, 내 소리가 커져 하느님의 말씀을 묻어 버린다는 것입니다. 그렇게 되지 않으려면 '내 생각'을 놓아야 합니다.

그런데 어떻게 놓을 수 있습니까? 오직 잠심 또는 침묵을 통해서입니다. 이것은 내 생각을 흘러가게 놓아두는 것(객관화시키는 것)으로 그렇게 되면 대상이 내 안으로 들어오게 됩니다. 있는 그대로의 대상이 들어와서 보게 되고, 있는 그대로의 말을 듣게 됩니다. 그렇게 되면 내 생각과 판단을 가지고 보고 듣는 대신, 있는 그대로를 보고 듣게 됩니다. 우리는 우리가 보고, 듣고, 느끼는 것에 마음과 생각이 끌리게 되어 있습니다. 즉 보면서 내가 생각하는 것에, 들으면서 내가 생각하는 것에, 느끼면서 내가 생각하는 것으로 빠져듭니다. 그러므로 우리가 침묵(잠심)한다는 것은 생각으로 빠져들기 전에 먼저 보고 듣고 느껴지는 것에서 한 발 물러선다는 것을 말합니다. 다시 말하면, 객관화시켜서 볼 때 생각에 빠져들지 않게 된다는 것입니다. 객관화시키지 못하기에 생각에 빠져 침묵하지 못합니다. 침묵하지 못하고 객관화시키지 못할 때 주관적이 되어, 위의 이야기처럼 우리의 인식은 차단되어 한쪽 얼굴의 그림만 인식하게 됩니다.

2. 착한 사마리아 사람의 비유

:

이렇게 인식이 차단되어 제대로 보고, 듣고, 느끼지 못하는 것은 생각에 빠져 있기 때문인데, 이것은 착한 사마리아 사람의 비유에 나오는 사제나 레위인의 모습에서 잘 드러납니다.

> 예수님께서 응답하셨다. "어떤 사람이 예루살렘에서 예리코로 내려가다가 강도들을 만났다. 강도들은 그의 옷을 벗기고 그를 때려 초주검으로 만들어 놓고 가 버렸다. 마침 어떤 사제가 그 길로 내려가다가 그를 보고서는, 길 반대쪽으로 지나가 버렸다. 레위인도 마찬가지로 그곳에 이르러 그를 보고서는, 길 반대쪽으로 지나가 버렸다. 그런데 여행을 하던 어떤 사마리아인은 그가 있는 곳에 이르러 그를 보고서는, 가엾은 마음이 들었다. 그래서 그에게 다가가 상처에 기름과 포도주를 붓고 싸맨 다음, 자기 노새에 태워 여관으로 데리고 가서 돌보아 주었다. 이튿날 그는 두 데나리온을 꺼내 여관 주인에게 주면서, '저

사람을 돌보아 주십시오. 비용이 더 들면 제가 돌아올 때에 갚아 드리겠습니다.' 하고 말하였다"(루카 10,30-35).

지나가던 사제나 레위인은 강도를 만나 반쯤 죽은 사람을 보자 자신의 상황이나 상태를 먼저 떠올립니다. 즉 그들은 바쁠 수도 있고, 그 더러운 사람에게 가면 부정 탈 수도 있고, 시간이 없을 수도 있고, 돈이 없을 수도 있는 자신의 상태나 처지를 생각하기에 강도를 만난 사람에게 다가가지 못합니다. 그러한 '생각'의 작용 때문에 강도를 만난 바로 그 사람은 내 안으로 들어오지 못합니다. 강도를 만난 사람이 바로 내 마음의 문을 두드리는 예수님인데, 그것을 듣지 못하고 보지 못하고 느끼지 못하게 하는 것은 바로 '내 생각'입니다. 즉 '생각'이 내 상태나 상황에 집착하도록 만들어 대상을 제대로 인식하지 못하고 대상이 내 안으로 들어오지 못하게 합니다.

그러나 착한 사마리아 사람은 그렇지 않습니다. "비용이 더 들면 돌아오는 길에 갚아 드리겠다"고 말한 것으로 보아, 그도 분명히 사제나 레위인처럼 갈 길을 가야 할 바쁜 사람이었습니다. 그러나 그 바쁨이 그에게 전혀 영향을 끼치지 않는다는 것이 사제나 레위인과는 다릅니다. 그래서 강도를 만난 사람이 있는 그대로 들어와 측은하고 가엾은 마음이 생겨 다가갈 수밖에 없는 상황이 만들어진 것입니다. 이 상황을 자세히 살펴보기 위해, 우선 강도를 만난 사람이 어떤 사람인지 생각해 보겠습니다.

그는 강도를 만나 자기가 가지고 있는 것을 몽땅 빼앗기고 또 너무 맞아서 몸도 성하지 않은 상태입니다. 이 사람을 기다리는 가족은 어떻겠습니까? 그가 오기만을 기다리는 가족에게 이 소식은 정말 끔찍한 사건이 아닐 수 없습니다. 이러한 그의 상태, 그의 가족, 가족들의 걱정 등을 생각하니 강도를 만난 그 사람이 측은할 수밖에 없습니다. 착한 사마리아 사람에게는 그 사람의 아픔이 자신의 아픔으로 그냥 다가옵니다. 그러니 다가가서 치료를 해 줄 수밖에 없었을 것입니다. 치료할 때 그가 구급약품을 가지고 다닌 것도 아닐 터이니 비싼 술로 소독을 했을 것이고, 상처를 보호하기 위해서는 자신의 비싼 옷을 찢어서 상처 부위를 싸매 주었을 것입니다.

대상이 들어오면 착한 사마리아 사람처럼 하지 않을 수 없을 것입니다. 바쁘다는 생각이 사라진 상태(바쁘지만 바쁨이 영향을 끼치지 않은 상태, 그리고 비싸지만 비싼 것에 개의치 않은 상태)에서 강도를 만난 사람이 있는 그대로 들어온 것이고, 그것이 바로 침묵이며 잠심의 상태입니다. 잠심의 상태는 대상이 내 안으로 들어오는 상태이며, 측은한 마음이 생겨 사랑의 행위를 하는 상태이며 "활동 중의 관상"[13]을 하는 상태를 말합니다. 이렇게 잠심이 될 때 불행으로 말미암아 상처 입은 사람은 안타까운 내 마음 속으로 들어오게 됩니다.

그러나 처음부터 우리가 착한 사마리아 사람처럼 될 수는 없습니다. 그렇게 되려면 작은 것으로부터 시작하여 발전시키는 침묵이 필요합니다. 즉 우리는 작은 것부터 대상이 내 안으로 들어오는 것이 습관화되도록, 늘 깨어 있는 자세로 시작해야 할 것입니다. 큰 은총을 받았을 때 우리는 모든 것이 감사하게 느껴지지만 시간이 흐를수록 감사함이 줄어듦을 느낄 것입니다. 그렇기 때문에 우리는 조그마한 것이라도 대상이 내 안으로 들어오고 측은한 마음이 생겨 사랑으로 대상에게 다가가면서 감사하는 마음으로 발전하도록 늘 깨어 있는 것이 필요합니다. 이렇게 될 때 우리는 서서히 인식의 차단으로부터 해방되고 생각에서 점차 벗어나는 자유로운 삶을 살게 됩니다.

3. 결단의 때

:

이제 우리는 교도소 밖이 진정으로 자유로운 삶임을 인식하는 삶으로 가야 할 것인가 말 것인가 하는 기로에 서 있습니다. 또한 선악과를 따 먹은 이후, 우리에게는 진화하는 성숙의 방향으로 갈 것인가 아니면 내 생각 속에 갇혀 살 것인가의 결단만이 남아 있습니다.

독수리는 겨울 철새로 약 60년의 수명을 자랑할 만큼 오래 사는 새 중의 하나로 알려져 있습니다. 독수리가 이렇게 오래 사는 이유에 주목할 만합니다. 독수리가 30-40대에 이르면 날카롭던 부리는 무뎌지고, 우아하던 날

개는 거추장스러울 만큼 깃털이 무거워 날기 힘들게 되고, 발톱은 닳아빠져 날카로움을 잃게 됩니다. 이때 독수리는 본능적으로 심각해져 "죽음의 길로 갈 것이냐" 아니면 "아프고 고통스러운 새 삶의 여정으로 쇄신할 것이냐"의 길목에서 고심에 찬 선택을 해야 합니다.

새 삶을 향한 쇄신을 결심한다면, 그 독수리는 적어도 5-6개월 동안 힘들고 괴로운 과정을 감내해야 합니다. 먼저, 독수리는 높은 산 암벽 옆에 둥지를 틀고, 부리가 닳아 없어질 때까지 부리로 암벽을 치는 아픔의 시간을 보냅니다. 부리가 다 깨어지면 새로 날 때까지 기다리는 인내의 시간을 맞이합니다. 그리고 새로 난 부리로 자기 발톱을 하나씩 빼냅니다. 이 아픔의 시간을 겪고 나면 새로운 발톱이 생깁니다. 마지막으로 독수리는 울창한 숲속을 날아다니면서 자기 날개에서 깃털을 뽑아내는 고통의 시간을 보냅니다. 새로운 깃털이 날 때까지 쉬지 않고 날아다닙니다. 이처럼 독수리는 자신의 몸 전체를 새롭게 바꾼 뒤에 새로운 삶을 출발합니다.[14]

삶에는 다 제 때가 있듯이 우리의 삶에도 독수리와 같은 새로운 출발을 선택해야 할 때가 있습니다. 지금이 바로 그때입니다. 이 결단의 때, 새로운 출발을 위한 선택의 때가 바로 전적인 회개의 시작이며 전주곡입니다. 이 회개를 보기 위하여 다시 창세기로 돌아가 봅시다. 아담과 하와는 선악과를 왜 따 먹는가? 그 이유는 창조주와 창조물을 구분하여 하느님처럼 되기 위하여, 눈이 밝아지기 위하여, 선과 악을 구분하여 알기 위하여, 감각적으로 영리하게 되기 위하여입니다. 자기가 보기에 더 좋은 것이 되려는 비교와 구분에서 생긴 이유들입니다. 그래서 알몸 상태에서 느끼는 부끄러움과 그렇지 않음, 삶과 죽음을 나누게 됩니다. 삶과 죽음이 하나였는데, 선악과를 따 먹음으로써 삶과 죽음을 구분하게 되어 죽음이 들어오기에 하느님께서는 '죽는다'고 말씀하신 것입니다. 즉 어린이와 같았던 처음의 아담에게는 전혀 구분이 없었습니다. 그러나 뱀의 유혹에 넘어가 눈이 밝아짐과 그렇지 않음을 구분하게 됨으로써 구분하는 생각이 자라게 되었습니다. 그래서 삶과 죽음, 밝음과 어둠, 선과 악, 탐스러움과 그렇지 않음, 영리함과 그렇지 않음, 알몸 상태에서 느끼는 부끄러움과 부끄러움이 없는 마음 등으로 구분하게 되고, 결국 이렇게 나누어진 것 중의 하나를 선택하게 됩니다. 둘 중 하나를 선택하라면 누가 죽음을 선택하겠습니까! 삶을 택하기 때문에 죽음이 들어오게 되는 것입니다. 이렇게 나누는 구분이 욕심을 낳고 집착을 가져옵니다.

결국 이러한 구분으로부터 벗어나서 아담과 하느님이 하나였던 근원적 상태로 돌아가려는 결단, 독수리가 새로운 삶을 시작하기 위해 결단을 내리듯이 우리도 결단을 내려야 합니다. 한층 높은 의식을 향하여 하느님과 일치하기 위한 여정을 가겠다고 독수리처럼 결단을 내리는 것이 바로 회개의 시작이며 믿음을 두기 시작하는 때입니다.

4. 회개와 믿음

회개란 무엇입니까? 회개는 나 중심적인 삶을 하느님 중심적인 삶으로 돌리는 것을 말합니다. 욕심이나 집착이라는 나 중심적인 삶에서 그것을 놓아 버림으로써 하느님 중심적인 삶으로 돌아가는 것입니다. 마르코 복음서를 보면, 예수님께서 하느님의 복음을 전파하시며 "때가 차서 하느님의 나라가 가까이 왔다. 회개하고 복음을 믿어라"(1,15) 하고 말씀하십니다. 회개하면 복음을 믿게 됩니다. 그러면 복음은 무엇이고 믿음은 무엇입니까? 믿는다는 것은 믿는 대상이 내 마음의 주인이 된다는 것을 의미합니다. 그래서 예수님을 믿는다면 예수님이 내 마음의 주인이 되는 것이고, 복음을 믿는다면 복음이 내 마음의 주인이 되는 것입니다. 그러면 복음은 무엇입니까? 그것은 바로 묶인 사람들에게는 해방을 알려 주고, 눈먼 사람들은 보게 하고, 억눌린 사람들에게는 자유를 주는 것입니다(루카 4,18; 이사 58,6-7 참조). 이러한 묶인 이들, 눈먼 사람들, 억눌린 사람들이 바로 우리 마음의 주인이 되어야 우리는 복음을 믿는다고 말할 수 있습니다. 이러한 사람들이 우리 마음의 주인이 될 때가 바로 회개의 때이고 하느님 나라가 온 것입니다. 다시 말해 회개했다면 이런 사람들이 내 마음의 주인이 될 것이며, 하느님 나라는 지금 여기서 완성되는 것입니다.

미국의 아마고사 사막을 지나기 위해서는 좁은 길을 통과해야 합니다. 그런데 그 길을 가다 보면 중간쯤에서 물 펌프 하나를 발견할 수 있습니다. 뜨거운 햇빛 아래 말을 타거나 걸어서 이 사막을 통과하던 행인은 그 물 펌프를 보고 뛰어가게 됩니다. 그런데 펌프에 도착하면 다음과 같은 특이한 편지를 볼 수 있다고 합니다. "이 펌프에 물을 붓고 펌프질만 하면 시원한 지하수가 틀림없이 나옵니다. 땅 밑의 샘에는 언제나 물이 있으니까요. 펌프 옆 흰 바위 밑을 파면 물이 가득 담긴 병이 파묻혀 있을 것입니다. 햇볕에 증발하지 않도록 마개를 잘 막았지요. 그 병을 꺼내서 물을 펌프에 부으십시오. 그러나 만약 그 물을 한 모금이라도 먼저 마시면 물이 모자랍니다. 제 말을 믿으세요. 그 물을 다 부으면 틀림없이 물은 얼마든지 나와서 당신이 필요한 만큼 충분히 쓸 수 있을 것입니다. 그리고 물을 다 쓴 후에는 그 병에다 물을 가득 채워서 마개를 꼭 막아 처음 있던 그대로 모래 속에 묻어 두십시오. 다음에 오는 사람을 위해서 말입니다.

추신: 병의 물을 먼저 마시면 절대 안 됩니다. 제 말을 믿으세요."[15]

거센 폭풍에 중형 기선이 나뭇잎처럼 파도에 흔들리고 있었습니다. 승객들은 공포에 질려 불안에 떨고 있었습니다. 살아 있다는 생각마저도 없어졌습니다. 그런데 다만 한 어린이만은 파도 구경이 재미있다는 듯이 태연하게 즐기고 있었습니다. 하도 이상해서 중년 여성이 아이에게 물었습니다.

"얘야, 너는 무섭지도 않니?"

그 아이는

"예, 무섭지 않아요, 아주머니는 무서우세요?"

하고 대답하였습니다. 그녀가

"무섭다마다, 나는 죽을 지경이다."

하고 말하니, 그 아이는

"전 아무렇지도 않아요. 우리 아버지가 이 배의 키를 잡고 계시거든요. 우리 아버지는 일등 선장이세요. 그러니 걱정 마세요. 아주머니도 무사하실 거예요." 하고 말했다는 것입니다.[16]

산을 무척이나 좋아하는 사람이 있었습니다. 어느 날 산 정상에 올라가 좀 쉬었다가 내려가야지 생각하며 몸을 기대고 쉬었습니다. 그런데 깜빡 잠이 들어 깨어나니 깜깜한 밤이었습니다. 아무것도 볼 수 없을 정도로 캄캄하자, 그 사람은 무서워지기 시작했습니다. 그는 "거기 누구 없소?" 하고 계속 소리를 질렀지만 대답하는 것은 메아리뿐이었습니다. 낭패라고 생각한 그 사람은 더 늦어지기 전에 어떻게든 내려가야겠다고 마음먹었습니다. 그런데 내려가다가 발을 헛디뎌서 낭떠러지에 굴렀습니다. 한참 내려가다가 그 사람은 겨우 나무 뿌리 하나를 붙잡게 되었습니다. 살긴 살았지만 지금 있는 곳이 어디인지 알 수가 없었습니다. 그래서 그 사람은 고함을 치기 시작했습니다.

"거기 누구 없소?"

아무 소리도 들려오지 않았습니다.

"거기 누구 없냔 말이요?"

더 크게 소리를 질러 보았지만 대답하는 사람은 없었습니다. 그 사람은 하느님께 기도하기 시작했습니다. 그의 간절한 기도에 한 음성이 들려 왔습니다.

"네가 살려거든 손을 놓아라."

그러나 그는 말했습니다.

"손을 놓으면 죽지 않겠습니까?"

그러자 그 음성은 다시

"넌 날 믿느냐?"

하고 말했습니다. 그는

"믿지만 손을 놓을 수는 없습니다."

하고 대답하였습니다. 그랬더니 다시

"네가 손을 놓는다면 널 도와주겠다."

하는 음성이 들려왔어도, 그는 말했습니다.

"절대 손만은 놓을 수 없습니다."

이렇게 한참 옥신각신하다가, 결국 그 사람은 다시 이렇게 외쳐 댔습니다.

"거기 나를 구해 줄 다른 사람 없소?"

새벽이 되어 보니, 그의 발은 땅에서 불과 1미터도 안 떨어져 있었습니다.[17]

펌프 옆에 있는 편지를 믿는다면 편지에 쓰여 있는 그대로 할 것입니다. 아이는 아버지가 선장이기에 자기를 죽음으로 몰고 가지 않을 것이라는 믿음을 가졌고 그래서 아무 걱정도 하지 않았습니다. 그런데 우리는 믿는다고 할 때 그 대상이 내 안에서 주인이 되는 것이 아니라 절벽에 떨어진 사람의 이야기처럼 내 방식대로 믿습니다. 즉, 내가 주인이 되지 하느님이 주인이 되지 않는다는 말입니다.

그러면 우리는 왜 하느님께서 우리 마음의 주인이 되게끔 하지 못할까요? 에제키엘 예언서 14장을 보면 하느님께서는 당신에게 돌아오라고 하지만 사람들은 그것을 알아듣지 못합니다. 그것은 내 힘이나 내 능력으로 하려는 생각이 아직도 남아 있기에 그렇습니다. 다시 말해 아직도 하느님이 아니라 내 생각이 내 마음의 주인으로 지배하고 있기 때문입니다. 하느님께서는 자꾸 당신에게로 돌아오라고 하지만 우리는 돈, 명예, 감각적인 것 등에 마음을 빼앗겨 하느님에게서 멀어지게 됩니다. 이렇게 하느님에게서 멀어지는 것이 죄입니다. 죄를 나타내는 그리스어는 하마르티아(*hamartia*)인데 본래 '표적을 놓침 또는 잃어버림'을 뜻합니다. 즉 하느님이라는 표적을 잃고 나 자신만을 생각하고 위하는 행위가 바로 죄입니다. 루카 복음 15장 11절에서 32절에 나오는 "되찾은 아들의 비유"에서 작은아들은 자기 자신만을 생각하다가 아버지께 돌아가려는 생각을 가지면서, 즉 표적을 자신에서 아버지로 바꾸면서 표적을 다시 찾게 되었습니다. 그래서 죄인은 표적을 잃어버린 사람, 즉 자기 자신만을 위해 사는 사람을 말합니다.

회개란 바로 그 표적을 되찾는 것입니다. 그래서 자기 중심적인 삶을 하느님 중심적인 삶으로 바꾸는 것을 말합니다. 진정한 회개를 하기 위해서는 먼저 죄를 인정하는 일부터 해야 합니다. 내가 나 중심적으로 살아가고 있다는 것을 인정하게 되면, 우리는 돌아갈 수 있습니다. 이를 인정하고 '내 힘을 빼는 일(머리의 힘을 빼고 하느님께 맡기는 일)'을 하는 가운데 우리는 진정으로 하느님께 돌아가게 됩니다.

마르코 복음 1장 35절에서 39절을 보면 예수님은 사람들이 회개하고 복음을 믿게 하려고 전도여행을 하십니다. 묶인 이들, 눈먼 사람들, 억눌린 사람들이 내 마음의 주인이 된다면 우리는 그들을 사랑할 수밖에 없을 것입니다. 중요한 것은 내 마음의 주인이 누구인가 하는 점입니다. 예수님은 먼동이 트기도 전에 일어나서 기도하시고(마르 1,35) 밤늦도록 기도하시는데(마태 14,23; 루카

9,18), 이는 하느님께서 당신 마음의 주인이 되시게끔 하기 위해서입니다. 이를 위해서 하느님의 뜻을 식별하고 그 뜻을 실천하며, 실천하고 나서는 다시 하느님께 맡겨 드리는 기도를 하신 것입니다. 오직 하느님의 뜻만을 찾고 그 뜻만을 행하기 위해서입니다. 예수님은 바로 하느님의 일을 하고 계신 것입니다.

이제 우리가 회개한다면 보잘것없는 사람이 내 마음의 주인이 되어야 합니다. 점점 그렇게 되려면 '내 힘을 빼는 일(내맡김)'을 하면서 예수님을 맞들여야 합니다. 즉 예수님의 공생활을 통해 예수님의 참모습을 보고, 예수님의 참맛을 깨달으며 닮아가야 한다는 것입니다. 그래야 우리는 하느님의 뜻을 찾고 하느님께서 바라고 뜻하시는 대로 실천할 수 있게 됩니다.

제2장
예수님의 참모습을 맛들이고 닮기

●

1. 생각하는 기도에서 벗어나기
:

예수님에 대해 알고 싶은 호기심이 생기면 성경을 배우기 시작하며 기도를 하게 됩니다. 처음으로 성경을 가지고 기도할 경우에는 성경 구절을 머리로 이해하고 알려고 합니다. 예수님에 대한 호기심이 점차 그분에 대한 관심으로 발전합니다. 예수님에게 관심을 갖고 예수님에 대해 좀 더 배우고 알기 시작하면서 전에 좋아했던 세속과 감각의 즐거움으로부터 점차 벗어나게 됩니다. 이때 예수님을 좀 더 분명하게 안다고 생각하기 때문에 기도하고 싶은 마음이 일어납니다. 이때 가슴으로 드리는 기도인 "대상이 들어오는 기도"를 하면 괜찮은데, 많은 경우에 생각으로 알게 된 것이기 때문에 생각으로 하는 기도인 "대상으로 나가는 기도"[18]를 하게 됩니다.

생각으로 하는 기도는 내 생각(방식)대로 관심을 갖고, 알고 사랑하고 실천하게 만듭니다(RQ[19] 100-199 수준). 그래서 우리의 머리로는 세상적인 욕망을 포기했음에도 불구하고 이러한 결심이 얼마 가지 못하는 것이 '생각하는 기도'의 한계입니다. 하느님께 나아가려는 생각이 하느님을 느끼지 못하도록 만들어 한계에 부딪히게 합니다. 이러한 생각하는 기도는 하느님을 가슴으로 만나려는 열망보다는 피조물에 강하게 집착하게 하여 하느님을 피상적으로 만나게 합니다.

주님의 기도는 예수님께서 친히 제자들에게 가르쳐 주신 기도로 잘 알려져 있습니다. 그러나 실제로 많은 신자가 이것을 주문처럼 기계적으로 외우고 맙니다. 이런 세태에 대해 반성할 수 있는 글이 인터넷에 퍼지면서 잔잔한 반향을 불러일으켰습니다. 이 글은 우루과이의 작은 성당의 벽에 쓰여 있는 기도문을 옮긴 것입니다. 주님의 기도에 나오는 각 구절을 인용하면서, 내 삶이 입에서 나오는 이 기도문에 부합되는지 성찰하게 하는 한마디를 덧붙였는데, 그 전문은 아래와 같습니다.

주님의 기도를 바칠 때

"하늘에 계신"이라고 하지 마라.
세상일에만 빠져 있으면서.
"우리"라고 하지 마라.
너 혼자만 생각하며 살아가면서.
"아버지"라고 하지 마라.
아들딸로서 살지 않으면서.
"아버지의 이름이 거룩히 빛나시며"라고 하지 마라.
자기 이름을 빛내기 위해서 안간힘을 쓰면서.
"아버지의 나라가 오시며"라고 하지 마라.
물질만능의 나라를 원하면서.

"아버지의 뜻이 하늘에서와 같이 땅에서도 이루어지소서"라고 하지 마라.

내 뜻대로 되기를 기도하면서.

"오늘 저희에게 일용할 양식을 주시고"라고 하지 마라.

가난한 이들을 본체만체하면서.

"저희에게 잘못한 이를 저희가 용서하오니 저희 죄를 용서하시고"라고 하지 마라.

누구에겐가 아직도 앙심을 품고 있으면서.

"저희를 유혹에 빠지지 않게 하시고"라고 하지 마라.

죄지을 기회를 찾아다니면서.

"악에서 구하소서"라고 하지 마라.

악을 보고도 아무런 양심의 소리를 듣지 않으면서.

"아멘"이라고 하지 마라.

주님의 기도를 진정 나의 기도로 바치지 않으면서.[20]

위와 같이 우리는 세상일에 빠져 살면서 하느님을 피상적으로 만남으로써 내 생각대로 내 마음에 들고 내 뜻에 따르는 기도를 하고 있습니다. 이러한 나 중심적이고 세상적인 것들로부터 벗어나는 길은 우리의 사랑을 온전히 하느님께 모아 기도하는 것입니다. 우리가 나 중심적으로 살려고 기도하는 것이 아니고, 실천 없는 좋은 생각을 위하여 기도하는 것도 아닐 뿐만 아니라, 신학적으로 공부하기 위해서 기도하는 것은 더더욱 아닙니다. 우리가 기도하는 것은 사랑하기 위해서입니다. 기도의 목적은 많이 생각하는 데 있지 않고 많이 사랑하는 데에 있습니다. 예수님에 대하여 알기 시작하면서 생각이 사라지는 만큼 예수님에 대한 사랑은 깊어집니다.

하루는 제자가 스승에게 물었습니다.
"깨달음을 얻으려면 어떻게 해야 하겠습니까?"
스승이 서슴없이 대답했습니다.
"배고플 때 먹고, 졸릴 때 자고, 기도할 때 기도하면 된다."
제자는 다시 물었습니다.
"그것은 누구나 다 하는 일이지 않습니까?"
스승이 고개를 천천히 가로저으며 말했습니다.
"아니지, 누구나 그렇게 하는 것은 아니야. 보통 사람들은 오만 가지 욕망을 떠올리며 먹고, 오만 가지 생각을 하면서 잠을 청하고, 기도할 때도 오만 가지 생각을 떠올리면서 하니까 말일세. 그저 깃털처럼 가볍게 마음을 허공에 풀어 놓을 수 있어야 하네."[21]

깨달음을 얻기 위해서는 "마음을 허공에 풀어 깃털처럼 가볍게 해야" 함에도 불구하고 우리는 온갖 생각에 빠져 우리 생각대로 하고 싶어 합니다. 깃털을 허공에 맡기는 것이 아니라 내가 가고 싶은 데로 끌어가려고 하는 식입니다. 이렇게 하면 깨달음을 얻을 수 없을 뿐만 아니라 제대로 기도할 수도 없습니다. 이와 같이 자기 생각으로 인해 자신의 뜻을 굽히지 못하기 때문에 우리는 사랑하지 못합니다. 그러므로 하느님의 뜻과 영광을 위한 것이 아니라면 자신의 생각이나 뜻을 굽혀야 합니다. 이것이 겸손을 통하여 정화되는 길입니다. 이와 같이 자신의 생각이나 뜻을 굽혀 완전히 하느님께 돌아가는 것이 겸손이며 전적인 회개입니다.

그러나 전적인 회개를 하기란 쉽지 않습니다. 그러려면 "역할을 혼동"[22]하지 않아야 합니다. 즉 회개의 부분에서 하느님의 역할은 회개의 은총을 주시는 것이고, 우리의 역할은 회개하고 싶은 원의를 가지고 회개를 위한 과정을 거쳐 가는 것입니다. 이렇듯 하느님의 역할은 하느님께 맡기고 내 역할은 내가 하는 것이 역할을 혼동하지 않는 것이며 겸손입니다. 이 겸손이 없으면 하느님과의 관계를 발전시키지 못하고 내 방식, 틀, 기준으로 살려는 생각에 그대로 안주하게 됩니다. 그럴 경우 하느님을 내 종처럼, 즉 내가 명령하는 대로 따르도록 만들 수 있습니다. 아직도 자신의 틀이나 판단 기준과 같은 옛 사고방식으로 살려는 경향이 남아 있기 때문입니다.

그래서 '힘을 빼는 기도'를 해야 합니다. 힘을 빼지 못하고 '생각하는 기도'를 하게 되면, 대상이 내 안으로 들어오지 못하기 때문에 예수님이 내 마음의 주인이 되지 못합니다. 힘을 빼야 예수님이 내 안으로 들어오듯이, 힘을 빼는 기도는 예수님을 닮기 위한 과정의 가장 중요한 부분입니다. 그 과정이란 우선 예수님과 인격적으로 만나 그분이 어떤 분이신지를 안 다음 예수님을 맞들이고, 마지막으로 예수님을 닮아 가는 절차입니다. 우리가 힘을 빼는 만큼 예수님을 알게 되고, 대상은 내 안으로 들어오게 될 것입니다.

2. 힘을 빼는 비움(kenosis) - 내맡김

:

하루는 한 선생이 비움에 대하여 설명하다가 손에 컵을 들고 말했습니다.

"이 컵에서 공기를 하나도 남김없이 빼려면 어떻게 해야 됩니까?"

사람들은 공기펌프로 빼야 한다느니 하며 여러 가지 방법을 이야기하였습니다. 그때 그 선생은 빙그레 웃으며 말했습니다.

"이 컵에서 공기를 빼면 진공상태가 되어 컵이 깨져 버립니다. 컵이 깨지지 않게 공기를 제거하는 방법은 한 가지밖에 없습니다. 공기 대신 다른 것을 채우면 됩니다."

그는 주전자를 들어 컵에 물을 가득 채웠습니다.[23]

예수님을 믿고 회개하여 새사람이 되어 살려고 해도, 그것이 결국 며칠 가지 못하고 작심삼일로 끝나는 이유가 무엇입니까? 마음을 깨끗이 비우기는 했지만 그 안에 다른 어떤 것을 대신 채우지 않았기 때문입니다. 내 안에 예수님의 마음을 채워야 됩니다. 예수님으로 채우지 않으면 그 안에 내 생각이나 내 욕심이 다시 자리를 잡게 됩니다.

힘을 뺀다는 것은 바로 내 생각을 비우고 예수님으로 채우는 것을 말합니다. 그것은 필리피서 2장 5절에서 11절에 나오는 예수님의 비움에서 잘 나타나 있습니다. 예수님은 하느님과 본질이 같으신 분이셨지만 당신의 것을 모두 내놓으시고 사람이 되십니다. 예수님은 왜 모든 것을 내놓으셨을까요? 예나 이제나 세상 곳곳에 이기주의가 만연해 있고 이기주의에 찬 말과 행동이 너무 많기 때문입니다. 이를 내려다보시는 하느님은 썩을 대로 썩은 이 세상을 측은히 보십니다. 어둠이 깊어지면 새벽이 오듯이, 이 썩은 세상은 구원자를 간절히 기다립니다. 결국 하느님께서 이러한 세상을 너무 가엾게 여기시어 사랑으로 구원해 주실 때가 다가오자, 하느님의 본질을 버리시고 예수님께서 세상에 오신 것입니다.

펠리컨이라고도 불리는 사다새는 부리가 길며, 아랫부리 밑에 달린 주머니를 팽창시켜 10리터 정도의 물을 담을 수 있습니다. 펠리컨은 이 주머니를 그물처럼 사용합니다. 즉 주머니를 벌리고 앞으로 나가면 곧 물과 물고기로 가득 차는데, 그러면 부리를 닫고 물은 부리 밖으로 버려 먹이를 잡습니다. 또한 이 주머니는 먹이를 약간 소화시켜 위에 저장한 뒤, 새끼들에게 이 먹이를 꺼내어 먹일 때 쓰이기도 합니다.

프랑스 시인 알프레드 뮈세가 쓴 '5월의 밤'이라는 시詩에서 어미 새 펠리컨이 등장합니다. 어미 새 펠리컨은 갓 낳은 굶주린 새끼들을 해변 위에 놓아두고 먹이를 구하기 위해 멀리 떠납니다. 그러나 오랜 여행에도 불구하고 어미 새는 단 한 줌의 먹이도 구하지 못한 채 되돌아옵니다. 굶주린 새끼들은 긴 여행에 지친 어미 새에게로 몰려갑니다. 그러자 먹이를 구하지 못한 어미 새는 목을 흔들면서 늘어진 날개 속으로 새끼들을 품고, 자신의 몸을 새끼들의 먹이로 내놓습니다. 어미 새의 심장과 내장이 새끼들의 입으로 사라지기도 전에 어미 새는 숨을 거두고 맙니다.[24] 또 성 예로니모는 펠리컨의 새끼가 독사에게 물려 다 죽어가고 있을 때 어미 새가 조금도 주저하지 않고 자기의 피를 흘려 새끼들의 생명을 구하는 장면을 목격했다고 합니다. 이리하여 어미 새는 죽어 가지만 새끼들은 생명을 건진다고 합니다. 이런 사유로 종교 예술에서 펠리컨은 피를 흘려 우리를 구원하신 예수 그리스도의 사랑을 상징합니다.

이렇듯 자기 생명을 주는 것보다 더 큰 사랑은 없습니다. 요즘 개, 고양이 등의 반려 동물을 좋아하여 기르는 사람들이 많습니다. 그 사람들이 그 동물들을 너무나 사랑한다 하여 그 동물이 될 수 있겠습니까? 거의 대부분 그렇게 할 수 없을 것입니다. 그러면 사랑하는 사람을 위하여 그렇게 할 수 있을까요? 몇몇은 그렇게 할 수 있겠지만 대부분의 사람들은 할 수 없을 것입니다. 그런데 펠리컨이 자기 생명을 새끼들에게 주듯, 인간을 너무 사랑하신 예수님은 하느님의 본질과 같은 귀중한 모든 것을 버리고 인간이 되어 오십니다. 왜 창조주이신 그분은 당신의 모든 것을 내놓고 창조물이 되기를 망설이지 않으실까요? 그것은 인간을 너무 사랑하셔서 인간 안에 살고 싶어 하시기 때문입니다. 남편과 아내가 서로에게 귀중한 모든 것을 내놓을 때 하나가 될 수 있듯이, 귀중한 것을 내놓으면 내놓는 대상과 하나가 될 수 있습니다. 결국 그분은 오로지 우리와 하나였던 원래의 상태, 즉 하느님과 하나였던 원죄 이전의 상태로 되돌아가기 위해, 다시 말하면 우리가 더욱 성숙한 상태에서 하느님과 하나 되도록 하기 위해 오시는 것입니다.

이렇게 당신의 귀중한 모든 것을 버리고 인간이 되어 오시지만, 새로 태어난 아기 예수님이 할 수 있는 일이란 아무것도 없었습니다. 말할 수도 행동할 수도 없어 그저 인간들에게 내맡겨야 했습니다. 우리가 개, 고양이나 뱀의 본질을 취한다면 어떻게 되겠습니까? 나대로 할 수 있는 것은 아무것도 없고, 오직 그 동물의 본질과 같은 행동만 할 수 있기에 우리는 무척 답답해할 것입니다. 할 수 있는 것이란 내맡김뿐입니다. 하느님의 본질을 버리시고 '옹기장이인 그분'(창조주)이 '옹기그릇과 같은 인간'(창조물)으로 오셔서 할 수 있는 것이란 모든 것을 인간에게 맡기는 것뿐이었습니다. 우리는 우리 식으로만 예수님을 봅니다. 그러나 구원하러 오시는 분으로서가 아니라 하느님의 본질을 내놓고 인간이 되신 그분의 입장에서 보아야 할 것입니다. 그분의 사랑을 보아야 합니다. 예수님은 사랑이십니다.

얼마 전 텔레비전에서 철기시대의 관棺에 대하여 방영한 적이 있었는데, 그 관 주위에는 줄을 매달아 내리기 위한 작은 구멍이 뚫려 있었습니다. 그것을 보고 참 정교하게 뚫었다고 생각했는데, 전문가도 그 시대 상황에서 그 일은 첨단기술에 가까운 것이었다고 설명하였습니다. 이렇듯 현재의 시각으로 볼 때와 그 당시의 시각으로 볼 때가 다르듯이, 예수님도 지금 내가 생각하는 대로가 아니라 모든 것을 버리고 인간에게 내맡기면서 우리와 하나가 되려는 예수님으로 볼 때 우리의 시각은 달라질 것입니다. 예수님의 탄생이 우리에게는 기쁨이지만, 예수님의 입장에서는 모든 것을 인간과 하느님께 내맡기는 사랑의 표현이었습니다. 그분은 모든 것을 자기 뜻대로 생각대로 하지 않으시고, 태어나면서부터 죽으실 때까지 하느님의 뜻을 찾고 행하며 하느님께 내맡기는 삶을 사셨습니다. 내 식대로 내 생각대로 하기야 얼마나 쉽습니까? 그러나 예수님도 오실 때에는 아무것도 할 수 없어 모든 것을 사람에게 맡기셨듯이, 우리도 예수님처럼 모든 것을 하느님께 맡기려는 자세가 필요합니다.

아름다움(美)을 느낄 때, 시각장애인과 정상인은 똑같이 느끼지 않습니다. 시각장애인은 소리와 감촉으로 아름다움을 느낄 수 있지만, 비장애인은 여기에 시각이 추가됩니다. 이처럼 감각을 하나 더 가짐으로써 우리의 생각을 뛰어넘는 느낌을 인식할 수 있듯이, 하느님께서 보시는 아름다움도 우리의 생각을 뛰어넘는 아름다움입니다. 그래서 우리는 단순히 내 생각 안에 갇힌 생각과 느낌을 벗어나서 예수님이 느끼셨던 생각과 느낌을 맛보고 닮아 갈 때, 우리의 한계를 벗어나 하느님과 일치하기 위한 여정을 제대로 갈 수 있을 것입니다.

예수님이 태어나고 피난 가고 나자렛에 살면서 요셉과 마리아에게 내맡겨진 아기 예수로서 할 수 있는 것은 없었습니다. 할 수 있는 것은 오직 '내맡김'뿐이었습니다. "그들에게 순종하며 지냈다"(루카 2,51)는 말씀은 계속 하느님께 그리고 부모에게 모든 것을 더 잘 내맡기는 삶을 살았다는 뜻입니다. 예수님도 요셉과 마리아의 성가정에서 30년 동안 '내맡김'의 수련을 하셨는데, 우리는 얼마나 많은 시간을 보내야 이 내맡김의 수련을 완성할 수 있을지 장담할 수 없습니다. 그러므로 이 내맡김의 수련을 계속 발전적으로 실천하려는 노력이 중요합니다.

제가 예수회에 들어와 수련 중에 '무전無錢 성지 순례 여행'을 하게 되었습니다. 그때 수련장 신부님께서 두 가지 규칙을 주셨는데, 절대로 신분을 밝히지 말 것과 돈과 옷을 가지고 가지 말라는 것이었습니다. 그렇기 때문에 모든 것을 하느님께 의탁할 수밖에 없는 실정이었습니다. 처음 수원 수련원을 떠날 때는 동료 수사 두 명과 함께 오산까지 가게 되었는데 오산에서 점심을 해결해야 했습니다. 그래서 우리는 서로를 바라보며 제일 시골 사람처럼 생긴 수사한테 "네가 가서 밥을 달라고 해 봐" 하고 말했더니, 그럼 해 보겠다고 나섰습니다. 그래서 대문이 열려 있는 집에 들어가는데 주인 아주머니가 수돗가로 물을 뜨러 마루에서 내려오는 중이었습니다. 그 수

사는 다가가서 "저… 아주머니, 저… 물 좀 주세요" 하는 것이었습니다. 물을 얻어먹고 나서 우리는 "아니 너는 우리가 언제 물 달라고 했냐, 밥 달라고 해야지" 하고 말했습니다. 그 정도로 처음에는 밥을 달라기가 쉽지 않았습니다. 밥을 달라는 말이 목까지 차올랐지만 막상 밥을 달라는 말을 꺼낼 수가 없었습니다. 그럼에도 불구하고 몇 집에 가서 밥을 달라고 했지만 얻어먹을 수가 없었습니다. 왜냐하면 건장한 청년 셋이 와서 밥을 달라고 하니 집주인들이 겁을 냈던 것입니다. 그래서 우리는 각자가 해결하기로 하고 헤어졌습니다.

혼자 떨어져 밥을 해결해야 하는데 밥 달라는 소리가 나오지 않았습니다. 그래도 몇 번 연습을 해보니 자신감이 생겨 밥을 줄 것 같은 허름한 집에 가서 "아저씨, 무전 여행하는 사람인데, 밥 좀 얻어먹을 수 있을까요?" 하고 물었더니, "어 그러세요. 여기 남은 이거라도 드시죠"라고 말하였습니다. 그렇게 점심을 잘 얻어먹고 다시 길을 떠나게 되었지요. 이처럼 첫 끼니를 해결하고 나니 그때부터는 밥 달라는 말을 쉽게 할 수 있었습니다. 내 힘에 의존해 살다가 다른 사람들에게, 그리고 하느님께 의탁하는 내맡김의 삶은 그렇게 쉬운 것이 아니었습니다.

한번은 점심을 먹고 있는 집에 가게 되었습니다. 그런데 밥 좀 달라고 하니 그 주인은 "어서 올라와서 같이 식사합시다. 숟가락 하나만 더 놓으면 되니까요" 하고 말하였습니다. 도대체 이러한 행동을 상상할 수가 없었습니다. "어떻게 모르는 사람과 한 밥상에서 먹을 수 있단 말인가?" 이 사건에서 사람을 가리지 않는 그들의 모습 즉 내맡김의 삶을 사는 사람들을 본 것입니다. 제가 그들과 정말로 하나가 되는 느낌을 받았습니다.

이와는 좀 다르게 잘 사는 것같이 보이는 집에서 점심을 구걸한 적이 있었습니다. 밥 좀 달라고 하자, 그 집 주인은 "이것으로 사 먹으세요" 하고는 이천 원을 주었습니다. 기분은 약간 나빴지만, 돈을 가지니 조금 뿌듯한 기분이 생겼습니다. 그래서 그 돈을 가지고 음식점에 들어가 뭔가 시키려고 하니 느낌이 좀 이상했습니다. 그래서 벽에 있는 메뉴판을 봤더니 제일 싼 것이 이천오백 원이었기에 얼른 일어나서 나왔습니다. 그리고는 구멍가게에 가서 그 돈으로 빵과 우유를 사서 점심을 해결했습니다.

그때 저는 두 가지 생각을 하게 되었습니다. 하나는 "왜 그들은 돈만 주고 끝내는 것일까?" 하는 생각이었습니다. 생각해 보니 재산을 어느 정도 가지게 되면 모르는 사람이 자기를 해칠지 모른다는 두려움 때문에 사람을 가리게 된다는 사실을 깨달았습니다. 가지지 않을 때는 모든 것에 열려 있지만, 무엇인가 가졌다고 생각할 때는 그 가진 것을 잃을까 봐 열 수가 없게 됩니다. 즉 우리가 무언가를 가졌다고 생각할 때, 우리는 그것에 의지하게 되고, 빼앗기지 않으려고 발버둥치게 되고, 그래서 하느님이 더 이상 내 안에서 살 수 없게 만듭니다. 우리가 하느님과 이웃에 민감하지 못한 것은 우리가 많은 것을 가졌기 때문입니다. 또 하나는 돈이라는 것이 생기니까 하느님께 의탁하지 못하고 식당에서 창피당할 것이라는 생각이 들었던 사실입니다. 가지지 않았을 때에는 구걸하면서도 창피하다는 생각 없이 잘 얻어먹었는데 돈이 생기니까 창피하다는 생각이 들어 그 식당에서 나올 수밖에 없었습니다.

마지막 날, 도시에 들어와 구걸을 하니 좀처럼 밥을

얻어먹기가 힘들었습니다. 그러다가 길에서 100원(그 당시 크림빵을 살 수 있는 돈)을 줍게 되니, 만나는 사람들과 하느님께 의탁하면서 구걸하기보다 몇 푼 안 되는 그 돈에 의지하여 크림빵을 사 먹는 나를 보게 되었습니다. 저는 이 무전 성지 순례 여행을 하면서 내가 가진 것이 없을 때는 다른 사람에게 민감하게 되고 하느님께 의탁하게 되지만, 가지게 되면 가진 것이 아무리 보잘것없더라도 그 가진 것에 의존하고 의탁하게 된다는 사실을 깨달았습니다. 가지지 않을수록 하느님께 내맡기게 되고 사람들과 하느님께 민감할 수 있다는 것입니다.

전적으로 하느님께 내맡기려면 내 것이 없어야 합니다. 단돈 백 원이라도 말입니다. 내 것이라는 것이 조금이라도 있는 한, 즉 내 능력, 재력, 명예, 권력, 힘 등등이 있는 한, 우리는 하느님께 전적으로 의탁할 수 없습니다. 그렇기 때문에 이 모든 것을 주님께 봉헌하고 모든 상황을 하느님께 내맡기며 살아가는 수련을 계속해야 할 것입니다. 예수님도 숨은 생활 30년 동안 자신의 힘에 의존하지 않고 오직 하느님께 내맡기며 사셨습니다.

제3장
정화 淨化

●

1. 자신의 정화

:

예수님의 내맡김이 실천으로 나타나는 때가 바로 집을 떠나 공생활로 접어드는 장면입니다. 이때는 숨은 생활에서 겪은 자신의 모든 경험이 정화되어 오로지 하느님께 봉사하는 일만이 남게 됩니다. 이렇듯 자신의 과거 경험들을 완전히 정화시키면, 그 경험으로부터 해방되어 하느님과 한층 더 가깝게 일치하여 봉사하는 시기가 됩니다. 이때의 정화는 아주 철저해서 하느님을 뵙기 위하여 예수님처럼 모든 것을 내맡기는 것입니다. 그러나 이렇게 되는 데 문제점은 과거 경험으로 형성된 자애심이나 자존심과 같은 것을 없애기가 쉽지 않다는 사실입니다. 이것을 없애려면 고통이 따르는데, 이 고통을 참고 이겨 내야만 과거 경험으로부터 해방되고 자유로워지게 됩니다.

그러면 이러한 참된 정화가 이루어지지 못하게 막는 것이 무엇입니까? 그것은 우리의 인식입니다. 우리의 인식은 오감 및 의식과 무의식의 영향을 받습니다. 여기서 오감은 색깔을 보고, 소리를 듣고, 냄새를 맡고, 맛을 보고, 감촉을 느끼는 다섯 가지 감각을 말하고, 의식은 분별하여 판단을 내리는 것이며, 무의식은 이러한 것들이 내면화되어 있는 것이라고 말할 수 있습니다. 즉 누가 나를 때리면 오감을 통해서 인식되고, 의식은 그것을 아프다고 분별하고 어떻게 할 것인지를 결정합니다. 이 모든 일이 끝나고 나면 마치 비행기의 블랙박스처럼 저장되어 무의식 안에 머물게 됩니다. 이와 같이 경험은 내면화되어 그 이후의 행동에 영향을 미치게 됩니다. '자라

보고 놀란 가슴 솥뚜껑 보고 놀란다'는 말이 있듯이, 감정을 억압한 경험은 계속적으로 의식 안에서 영향을 미칩니다. 그러므로 우리는 과거 경험을 정화해야 합니다. 왜냐하면 정화를 통하여 우리는 좀 더 순수한 마음으로 봉사하게 되어 하느님과 한층 더 가깝게 일치하게 되기 때문입니다.

1876년 2월, 병약자를 위한 어떤 구빈원에 한 소녀와 그녀의 남동생이 버려졌습니다. 결핵성 고관절염에 걸려 거동이 몹시 불편했던 남동생은 얼마 지나지 않아 하늘나라에 갔고, 눈에 문제가 있어 제대로 볼 수 없었던 소녀는 험난한 세상 속에 홀로 남겨졌습니다. 소녀는 당시 미국 동북부에서 가장 천대받는 사회 계급이었던 아일랜드 이민자의 딸로, 소녀의 어머니는 소녀가 8살이 되던 해에 결핵으로 먼저 세상을 떠났습니다. 알코올 중독으로 소녀를 학대하였던 아버지마저 2년 뒤 집을 나가버렸고, 소녀는 가슴에 큰 상처만 남았습니다. 이후 소녀의 여동생은 친척집으로 보내졌고, 소녀와 일곱 살 난 남동생이 구빈원으로 보내졌던 것입니다.

구빈원 너머의 세상은 소녀에게 어떤 관심도 보내지 않았습니다. 다섯 살 때 트라코마에 감염되었던 소녀는 해가 갈수록 시각에 이상이 왔고 바이러스 감염에 의한 질병으로 시각을 상실할 위기에 처했습니다. 어느 날 소녀는 시각장애인을 위한 특별한 학교가 있다는 말을 들었고, 시간이 지나면서 교육에 대한 열망이 점점 커졌습니다. 그러나 쇠락과 질병의 구덩이에서 벗어나는 것은 불가능해 보였습니다.

그러던 어느 날, 구빈원의 부정부패가 물의를 일으켜 주 복지시설관리국에서 조사단을 파견했습니다. 조사단이 도착했을 때 소녀는 누가 단장인지도 모르면서 무작정 그들 쪽으로 달려가며 외쳤습니다. "샌본 씨, 샌본 씨, 저를 학교에 보내 주세요!" 조사단은 이 적극적인 소녀에게 교육의 기회를 제공하기로 하였습니다.

1880년 10월, 퍼킨스 시각장애인 학교에 입학한 소녀는, 열네 살의 나이에 처음으로 손끝 촉각으로 글을 읽는 법을 배우기 시작합니다. 그 뒤 눈 수술을 받아 시력도 어느 정도 회복한 소녀는 졸업식에서 학생 대표로 고별 연설까지 했습니다. 그리고 소녀에게는 작은 꿈이 생겼습니다. 시각장애인을 위한 교육에 헌신하리라는….

이 소녀의 이름은 '앤 설리번'입니다. 그녀는 훗날 자기와 비슷한 처지의 한 절망적인 소녀를 만나게 되고, 그 소녀에게 사랑과 신앙을 쏟아 부어, 보지 못하고 듣지 못하고 말하지 못하던 삼중의 고통을 극복하고 세계적인 인물로 우뚝 선 헬렌 켈러를 존재하게 했습니다. 앤 설리번은 어려운 처지였을 때 자기가 받은 도움과 사랑을 다시 이웃에게 베풀었던 위대한 선생이었습니다.[25]

설리번은 과거의 경험이 정화되어 사랑을 베풀 수 있게 되었습니다. 사랑받은 사람만이 그 사랑을 베풀 수 있습니다. 그래서 하느님의 사랑을 만날 때 우리의 경험들은 정화됩니다. 그리고 온전히 하느님을 만나기 위해서는 자신의 과거 경험들이 온전히 정화되어야 합니다. 그러기 위해서는 불완전하고 습관적인 것들이 자리잡고 있는 과거 경험의 뿌리까지 내려가 정화시켜야 합니다. 이것이 진정한 "새로 태어남"을 의미하며 "새 인간"(콜로 3,10)이 되는 일입니다.

이렇게 참된 정화를 하는 데 시간이 얼마나 걸릴지는

누구도 알 수 없습니다. 그러나 뿌리 차원의 참된 정화가 이루어질 때 하느님께서 언제나 생생하게 함께 계신다는 것을 깨닫게 되며, 언제 어디서든 하느님의 사랑스런 현존을 느끼게 됩니다. 멀리 떨어져 있지만 옆에 있는 것처럼, 그것도 확실히 느끼게 됩니다. 여기서 완전한 침묵이 이루어지며 장소에 구애받지도 않습니다. 그래서 우리는 모든 것 안에서 하느님을 찾을 수 있고 하느님이 원하시는 대로 행동하게 됩니다. 과거 경험의 뿌리까지 참되게 정화될 때, 하느님과의 일치를 향한 변모가 일어납니다.

2. 참된 정화를 위한 무미건조한 영적 메마름의 극복 :

참된 정화를 위한 기도를 계속하면서 하느님을 향하고 싶지만, 때때로 기도 가운데 무미건조한 영적 메마름을 체험하게 됩니다. 즉 자신이 어려움에 처하게 되면 기도 안에 머무르는 것이 힘들게 됩니다. 이럴 때 가장 큰 유혹은 기도를 포기해 버리려는 것입니다. 그러나 기도를 포기할 때 어려움은 더욱 커지게 됩니다. 봉사활동과 같은 사도적 활동으로 대치해도 사정은 마찬가지입니다. 모든 위기는 기도를 포기함으로써 생겨나고, 기도의 진정한 의미와 맛을 알지 못할 때 생깁니다. 기도의 의미와 맛은 즉각적으로 아는 것이 아니라 기도하는 가운데 수고하고 인내하면서 얻어지는 것입니다. 기도는 인격적으로 그리고 마음으로 하느님과 단둘이 사귀는 것이고, 인내를 가지고 하느님과의 관계를 발전시키는 것입니다. 이러한 관계는 사랑과 신뢰에서 출발하여 조금씩 싹트고 자랍니다.

우리 자신의 삶을 하느님께 향하기로 결심하면 내적 평화가 생기지만 세속적인 마음도 여전히 지니고 있기 때문에, 하느님께서는 우리에게 '영적 메마름'을 주시어 이러한 마음을 없앨 수 있는 기회를 주십니다. 메마른 시기에는 어떠한 맛도 위로도 없으며, 어떤 때는 기도를 계속할 힘도 잃어버리고 모든 것이 무미건조하게 느껴집니다. 마치 하느님께서 자신을 버린 듯한 체험을 하게 되고, 바른 길을 가고 있는지도 알지 못하여 모든 것이

깜깜할 뿐입니다. 우리는 이 안에서 자신이 얼마나 나약하고 힘이 없는지를 발견하게 됩니다. 이러한 나약함을 체험하게 될 때 비로소 우리는 하느님께 의탁해야만 하는 존재임을 깨닫게 됩니다. 그러나 많은 사람이 이러한 의미를 알아듣지 못하기 때문에 실망하고 맙니다. 그래서 육신은 괴로울 수 있고, 영혼과 함께 고독함을 느끼거나 갈증을 느끼고 번민할 수 있습니다. 결국 이 영적 메마름은 바로 우리 자신의 생각과 기준에 의해 사는 것을 포기하고, 자신의 나약함을 인정하고 하느님께 의탁하라는 초대인 것입니다.

자신의 신분을 밝히지 않는 한 여인이 다급한 목소리로 극장 지배인에게 전화로

"혹시 다이아몬드 목걸이를 줍지 못하셨나요? 틀림없이 극장 안에서 잃어버린 것 같아요" 하고 물었습니다.

"예, 우리가 한번 찾아보겠습니다. 잠깐만 전화를 끊지 말고 기다려 주십시오."

지배인은 이 말을 남기고 목걸이를 찾기 위해 안으로 들어갔습니다. 얼마 뒤, 지배인이 돌아와 수화기를 들었

습니다.

"부인, 기뻐하세요! 다이아몬드 목걸이를 찾았습니다."

하지만 저쪽에서는 아무런 응답도 없었습니다.

"여보세요! 여보세요!"

그 여인은 지배인이 다이아몬드 목걸이를 찾으러 간 사이를 기다리지 못했던 것입니다. 극장 지배인이 어디서 걸려 온 전화인지를 추적하려고 백방으로 애써 보았지만 아무런 성과가 없었다고 합니다.[26]

우리도 영적 메마름이 찾아올 때 위의 경우처럼 기다리지 못하고 포기하는 경우가 많습니다. 그러나 인내를 가지고 영적 메마름을 이겨 나가면 기쁨 기도의 맛, 즉 하느님의 맛을 느끼게 됩니다. 이 시기에 들어가는 사람은 세상 것들을 버리기 시작한 사람입니다. 이렇게 될 수 있는 것은 이 세상의 모든 즐거움을 뛰어넘는 순수하고 평온하고 사랑스러움을 느끼는 새로운 영적 세계를 맛보기 때문입니다. 그래서 이 세상의 모든 것을 "쓰레기로 여겨"(필리 3,8) 버릴 수 있는 마음이 생깁니다. 여기서 '맛'이란 수고나 어떤 행위의 결과가 아니라 하느님에게서 직접 오는 것으로서, 전혀 그것을 기대하지도 않고 특별한 일을 하지 않았는데도 기도의 어느 한순간에 주어지는 그러한 맛입니다.

그런데 여기에는 걸림돌이 있습니다. 하느님에게서 오는 맛이 아닌, 하느님 이외로부터 오는 맛에 머물게 될 때가 있습니다. 그렇게 되면 그 맛에 대해 상상하고 그 상상을 좇아 기도하게 되면서 하느님과의 일치는 멀어지게 됩니다. 그러므로 인간적인 것이나 우리의 집착이 섞이지 않은, 하느님에게서 오는 순수한 맛을 맛보도록 해야 합니다. 이 '하느님의 맛'은 사람의 마음을 넓혀 주고 사랑으로 힘차게 움직이도록 해 줍니다. 또한 하느님 안에 머물고 싶은 갈망을 품고 세상의 맛을 멀리함으로써 하느님과 일치하려는 열망을 우리 안에 불러일으킵니다. 그렇게 되면 "너희는 맛보고 눈여겨보아라, 주님께서 얼마나 좋으신지!"(시편 34,9) 하는 말씀이 우리 가슴에 새겨지게 됩니다. 이와 같이 우리 마음이 육적인 맛을 끊고 영적인 맛으로 기울어지게 하려면, 자신의 세속적인 감각들을 정화시켜야 합니다. 그러면 욕심이나 집착이 없는 '참 나'를 알게 되고 '참 나'를 찾게 되며, 하느님에게서 오는 진정한 '맛'을 찾는 때가 열립니다.

결국 참된 정화를 향하여 나아가기 위해서는 무미건조함을 이겨 내야 합니다. 그러면서 과거의 경험들이 정화되는 만큼 예수님과 일치됩니다. 예수님도 이렇게 하느님과 일치되었기에 공생활로 나아갈 수 있었으며 하느님께 순수하게 봉사할 수 있었습니다.

3. 내맡기는 무소유의 삶

:

나약함을 인정하고 하느님께 의탁하는 내맡김의 삶이 이루어지면 관대하고 사심 없는 사랑이라는 새로운 길이 열립니다. 이러한 내맡김의 삶이 무소유의 삶입니다. 무소유의 삶은 내가 무엇을 하려고 하기보다 하느님께서 무엇을 하시도록 내 마음을 열어 놓고 내맡기는 삶입니다. 영적 메마름을 통해서 우리가 무소유의 삶을 살 때 하느님과 하나가 되고, 그럼으로써 육적인 인간은 죽고 영적인 인간이 나타나는 사랑의 길이 열립니다.

어느 병원 심장병동에 다음과 같은 시가 걸려 있다고 합니다.

"주님! 때때로 병들게 하심을 감사드립니다.

인간의 약함을 깨닫게 해 주시기 때문입니다.

가끔 고독의 수렁에 내던져 주심도 감사드립니다.

그것은 주님과 가까워지는 기회입니다.

일이 계획대로 안 되게 틀어 주심도 감사드립니다.

그래서 나의 교만을 반성할 수 있습니다.

아들딸이 걱정거리가 되게 하시고 부모와 동기가

짐으로 느껴질 때도 있게 하심을 감사드립니다.

그래서 인간된 보람을 깨닫기 때문입니다.

먹고 사는 데 힘겹게 하심을 감사드립니다.

눈물로써 빵을 먹는 심정을 이해할 수 있기

때문입니다.

불의와 허위가 득세하는 시대에 태어난 것도

감사드립니다.

하느님의 의가 분명히 드러나기 때문입니다.

땀과 고생의 잔을 맛보게 하심을 감사드립니다.

그래서 주님의 사랑을 깨닫기 때문입니다.

주님! 감사할 수 있는 마음을 주심을 감사드립니다.
우리는 가능성이 있습니다."[27]

위와 같이 모든 것에서 진실한 감사를 할 수 있다는 것은 자기 자신을 모두 내놓을 때 가능합니다. 우리가 병들었을 때 건강하게 해 달라고 하는 기도는 하느님보다 건강을 더 소중하게 여기는 마음에서 나올 수 있습니다. 우리가 자신의 뜻을 하느님께 순종시켜 그분께 완전히 맡기면, 하느님께서는 우리가 필요로 하는 것을 조건 없이 넘치도록 주실 것입니다. 그럼으로써 하느님의 뜻은 우리의 뜻과 일치하게 될 것입니다. 따라서 우리가 병에서 회복되는 것이 하느님의 뜻이 되도록 기도해야 합니다. 무슨 일을 하든지 자신의 이익을 구한다든가 편애를 하면서 다른 사람의 유익을 구한다든가 하는 일을 피하고, 오직 '하느님의 더 큰 영광'을 위해서만 봉사해야 합니다.

하느님과 일치할 때 우리는 하느님을 갖게 되고 온 세상을 소유하게 됩니다. 일을 하더라도 크던 작던 상관없이 자기의 이익을 전혀 돌보지 않고 아무것도 바라지 않는 사람, 물질이나 이익이나 거룩함이나 상급을 전혀 생각하지 않는 사람이 바로 무소유의 사람입니다. 무소유의 사람은 이런 모든 것과 자신에게 속한 모든 것과 결별한 사람입니다. 사람들이 모든 것을 자기 식대로 가지기를 바란다면 그것은 하느님과의 결별을 의미합니다. 그러나 무소유의 사람은 전혀 그런 뜻을 가지고 있지 않고 고통이 아무리 크다 하더라도 하느님께서 원하시는 것은 무엇이든 하는 사람입니다. 그래서 하느님을 닮은 영혼이란 바로 자기 자신을 온전히 남김없이 내주는 그런 영혼을 말합니다.

우리 자신을 하느님의 손에 완전히 맡기고 하느님의 뜻을 행하려 애쓰는 사람에게 하느님이 주시는 것은 모두 좋은 것입니다. 그것이 병이든 가난이든 배고픔이든 목마름이든 영적 메마름이든 간에 우리에게 가장 좋은 것입니다. 고통이 아무리 크게 보일지라도, 불행이 아무리 뼈아픈 것처럼 보일지라도, 하느님을 기쁘게 해 드릴 수 없다면 하느님과 하나 된 것은 아닙니다. 우리가 자신의 이익만을 추구할 때는 결코 하느님을 발견하지 못합니다.

성 요한 크리소스토모의 일화 중에 이런 이야기가 있습니다. 그가 법으로 금한 복음을 증거한다고 체포당하여 감옥에 갇혔을 때 그는 이렇게 기도했습니다.

"주님, 감옥에 갇힌 죄수들을 복음화하라고 이곳에 저를 보내주셨군요, 감사합니다."

그는 감옥 속에서도 쉬지 않고 복음을 전했습니다.

결국 그가 사형을 당하게 되었을 때,

"주님, 감사합니다. 가장 아름다운 죽음이 순교라고 했는데 저 같은 사람을 순교의 반열에 동참하게 하시니 감사합니다" 하고 기도했습니다.

그가 사형장으로 끌려가 교수형이 집행되려고 할 때 갑자기 사형 중지령이 내렸습니다.

그때도 그는 눈물로 감사를 드리며,

"하느님, 감사합니다. 아직도 종에게 할 일이 더 남았다는 것입니까? 죽을 때까지 당신을 충실히 섬길 수 있도록 도와주소서"라고 기도했다고 합니다.[28]

아무것도 원하지 않고 오직 하느님의 뜻만을 찾는 사람, 아무것도 알지 못하는 사람(지식으로부터 떠난 사람 혹은 초월한 사람)들이야말로 진정 가난한 사람이고 무소유의 사람입니다. 그래서 참으로 가난해지기를 원한다면 자신의 의지로부터 자유로워져야 합니다. 우리가 하느님의 뜻을 행하려고 하는 한, 그리고 하느님을 갈망하는 한, 실제로 우리는 가난한 사람이 아닙니다. 왜냐하면 진정으로 가난한 사람은 아무것도 바라지 않고 아무것도 깨닫지 못하며 아무것도 원하지 않는 사람이기 때문입니다. 사람은 자신이 태어나지 않았을 때 그랬던 것처럼, 아무것도 바라지 않고 아무것도 원하지 않으면서 의지가 가난해져야 합니다. 바로 이것이 우리가 가난해지는 방법입니다. 때때로 인간은 자기를 위해서도, 진리나 하느님을 위해서도 살지 않는 듯이 살아가야 합니다. 더 나아가 모든 지식에서 떠나 텅 빈 상태가 되어야 합니다. 자기 자신에 대한 지식을 비워 자신이 원하는 것을 하느님으로 하여금 성취하시도록 해야 합니다. 그럼으로써 하느님에 대한 어떤 지식도 자신 안에 갖고 있지 않아야 합니다. 온갖 자기 자신의 지식에 대해 가난해져야 마음이 가난해집니다. 이러한 사람이 무소유의 사람입니다.

공자의 제자 중에 공무와 자천이라는 사람이 있었는데 둘 다 관리였습니다. 어느 날 공자가 공무와 자천에게 물었습니다.

"자네들은 관리가 되어 얻은 것과 잃은 것이 무엇이라고 생각하는가?"

공무가 대답했습니다.

"얻은 것은 없고 잃은 것이 많습니다. 일이 많아서 독서할 겨를이 없고, 봉급이 적어서 친척들을 돌보지 못하고 친구의 슬픈 일이나 기쁜 일에 참석하지 못해 의義가 소홀하게 되었습니다."

그러자 자천이 대답했습니다.

"저는 잃은 것은 없고 얻은 것이 많습니다. 배운 것을 실행하게 되었으니 학문이 진보하였고, 봉급은 적어도 친척들을 돌볼 수 있으니 기쁘고, 바쁜 중에도 친구의 슬픈 일과 기쁜 일을 살필 수 있어 친구와 더욱 친하게 되었습니다."

자천의 대답을 들은 공자는 크게 기뻐하며 말했습니다.

"자천은 군자君子다. 노나라에 이런 군자가 있으니 참으로 만족스럽구나."[29]

자천은 자신의 모든 상황을 있는 그대로 받아들이면서 있는 그대로를 내맡기는 사람입니다. 그래서 하늘의 뜻을 행할 수 있는 사람이기에 공자는 그를 칭찬한 것입니다. 우리도 하느님에 관한 모든 관념과 하느님께서 주실 수 있는 모든 것을 포기한다면, 자천처럼 언제나 하느님의 뜻을 행할 준비를 갖추게 됩니다. 그렇게 된다면 우리는 하느님께서 바라시는 것 외에는 어떤 것에도 준비되어 있지 않은 사람이 될 것입니다. 비록 병이 든다 할지라도 낫기를 바라는 마음보다 맡기는 마음이 생기는 사람에게는 자천처럼 고통조차도 하나의 기쁨이 됩니다. 왜냐하면 그는 자신을 부정함으로써 비워졌기 때문이며, 무슨 일이 일어난다 하더라도 그것이 그에게 전혀 영향을 주지 못하기 때문입니다. 하느님께서 사랑하시는 것처럼 사랑하려면 우리는 반드시 자아와 모든 피조물에 대해 죽어야 하며 자신에 대해 전혀 관심을 갖지 말아야 합니다. 이러한 삶이 하느님과의 일치이며 그 안에는 아무런 구별도 없기에 온전히 하느님과 하나가 되는 삶입니다. 이런 삶이 바로 자기 자신뿐만 아니라 세상 모든 것으로부터 초월한 삶입니다. 만일 어떤 사람이

전 세계를 소유하였지만 그것을 자유롭게 포기한다면, 그것이 바로 하느님과 일치되어 있음을 말합니다. 피조물 속에서도 '자기 자신의 소유를 구하지 않는' 사람은 의로운 사람이고, 그런 사람은 하느님의 마음속에서 살아가며 하느님도 그 사람 안에 살아 계십니다.

만일 어떤 사람이 세상의 어떤 것을 바라는 마음으로 하느님께 간구한다면, 이때 그는 하느님께 간구하는 것이 아니라 자신이 하느님께 요청하는 것을 향해 비는 것입니다. 그는 하느님을 자기의 종으로 삼으려 하는 것입니다. 어떤 사람들은 자기 눈으로 소를 보듯이 하느님을 보기를 원하며, 소를 사랑하듯이 하느님을 사랑하려 합니다. 그들은 소를 사랑하되 우유나 치즈, 또는 소가 주는 이익 때문에 그렇게 합니다. 어떤 때 우리는 하느님을 이용하고 있습니다. 하느님을 마치 성냥처럼 취급하여 촛불을 켜고 난 다음에는 그것을 내던져 버리는 것과 같습니다. 외적인 부나 내적 위안 때문에 하느님을 사랑하는 사람들도 이와 마찬가지입니다.

하느님과 일치된 사람은 하느님을 사랑하되 이러저러한 이유 때문이 아니라 아무런 이유 없이 사랑합니다.

만일 우리가 하느님을 통해 자신의 이익이나 복을 구한다면, 우리는 하느님을 전혀 추구하지 않는 것일 뿐만 아니라 하느님도 발견할 수 없습니다. 무엇인가를 위해 기도할 때 그것은 진정으로 기도하는 것이 아닙니다. 아무리 영적인 메마름이 찾아온다 하더라도 진정으로 기도하기 위해서는 어떤 것도 바라면 안 됩니다. 우리가 하느님 아닌 것을 위해 기도할 때 기도에 관한 잘못되고 불신앙적인 어떤 것이 개입되며, 이것은 영적 미성숙의 표지입니다. 그 무엇을 위해서도 기도하지 않을 때야말로 진정한 기도를 하는 때입니다. 그러므로 영적 메마름을 인내롭게 견디며 자신의 나약성을 인정하고 하느님께 의탁하며 사는 것이 바로 무소유의 삶이고, 이러한 삶이 하느님과 하나 되는 길입니다.

제4장
사랑의 질적 변화

•

예수님은 언제 하느님 아버지의 사랑을 절실하게 체험하셨을까요? 그분이 세례받을 때 곧 "너는 내가 사랑하는 아들이다"(마태 3,17; 마르 1,11; 루카 3,22) 하는 말을 들었을 때, 하느님에게서 오는 맛, 즉 하느님의 사랑을 가장 절실하게 체험하셨습니다. 여기서 말하는 사랑은 그냥 사랑이 아니라 '귀중한 것을 몽땅 내놓는' 무조건적 사랑(아가페)을 의미합니다. 우리는 이것을 묵상할 때 쉽게 느껴지지 않지만, 예수님은 이 말씀을 통절하게 체험하셨습니다. 기도를 하는 것은 바로 하느님에게서 오는 이 맛을 느끼기 위해서입니다. 그것도 예수님처럼 아주 가슴 깊이 새겨지도록 말입니다.

밀림의 성자라는 알버트 슈바이처에게 어떤 사람이 물었습니다. "당신 같은 위대한 학자요, 음악가인 천재가 무엇 때문에 아프리카에 들어가 고생하십니까?" 슈바이처 박사는 조용히 말했습니다. "나는 말로 사람을 감동시킬 재주가 없습니다. 한 사람을 도와주는 데 말만으로는 별 효과가 없는 것 같아요. 입에서 나오는 말도 중요합니다. 그러나 가슴에서 나오는 행동은 더 중요합니다. 가슴속에 사랑이 있으면 그 열매는 많은 사람에게 생명을 줍니다."[30]

맞습니다. 우리가 기도를 하는 것은 가슴속에 사랑을 키우는 일이고, 가슴속에서 나오는 사랑은 슈바이처의 말처럼 사람에게 생명을 줍니다. 그래서 가슴속에 사랑을 키우려면 하느님에게서 오는 사랑의 맛을 느끼고 간직할 때에야 가능합니다. 하느님에게서 오는 이 사랑의 맛을 느낄 수 없는, 보통 우리가 말하는 사랑은 귀중한 것을 몽땅 내놓는 것이 아니라 적당히 내놓고 그것을 포장하는 사랑일 뿐입니다. 사실 우리는 사랑한다는 말을 많이 쓰지만 하느님이 주시는 전적인 사랑을 할 때만 이 말을 써야 할 것입니다. 왜냐하면 우리가 사랑이라는 단어를 남용하다 보니 우리 삶에서 사랑이라는 말이 별것 아닌 것처럼 느껴지기 때문입니다.

지금까지도 예수님은 하느님께 모든 것을 내맡겼지만, 세례를 받을 때에는 하느님께서 모든 것을 돌보아 주시고 있다는 전적인 사랑을 더욱 느끼셨습니다. 이렇게 하느님의 맛을 느낀 사랑 체험은 전적으로 사랑을 실천하는 근거가 됩니다. 그래서 "사랑하는 아들"이라고 했듯이, 하느님에게서 오는 그분의 맛을 느끼는 또 다른 체험은 바로 실천하게 되는 '아들' 체험입니다. 귀중한 것을 내놓는 하느님의 사랑을 받아들인다면 그는 하느님의 아들이 됩니다. 하느님의 사랑을 절실히 느끼고, 그것을 실천할 수 있는 이는 다름 아닌 '아들'뿐입니다. 그렇게 되면 하느님을 하느님으로 부르기보다 아버지로 부르게 됩니다. 우리가 하느님의 아들딸들이라면 이 사랑을 느끼고 실천할 수 있으며, 이것이 바로 사람들에게 생명을 줍니다.

   이 두 가지 체험, 즉 사랑 체험과 아들 체험이 너무도 강렬했기에 예수님은 무엇을 어떻게 시작해야 할지 식별해야 했을 것입니다. 그래서 성령께서는 예수님을 광야로 내보내어 무엇을 어떻게 시작해야 할지에 대해 식별하게 하셨습니다. 하느님께 모든 것을 내맡기고, 지금 여기서 하느님의 뜻이 무엇인지를 알고 그 뜻을 실행하도록 말입니다. 이것이 하느님의 아들(자녀)로 부르시는 것이니, "하느님의 뜻을 실행하는 사람이 바로 내 형제요 누이요 어머니"(마르 3,35)이기 때문입니다. 결국 내 힘, 내 능력, 내가 가진 것으로 무엇을 한다는 것은 유혹이며, 이 모든 것을 주님께 내맡기는 자세가 필요합니다.

1. 대상이 들어오는 기도

:

하느님의 맛에 대한 감성적인 느낌이나 상상이 없어지

면, 하느님을 '있는 그대로 느끼는'[31](대상이 내 안으로 들어오는) 기도로 나아가게 됩니다. 하느님과 인격적인 관계를 맺어 우정을 맺는 시기로 접어드는 것입니다. 하느님의 맛을 들이는 시기에 하느님 아닌 것으로부터 오는 맛 안에 갇히게 되면, 상상과 감성적인 느낌에 의존하기에 사랑의 실천으로 나가도록 자신을 열 수 없습니다. 따라서 주관적인 상상과 감성적인 느낌에서의 기도의 맛을 극복한 뒤에야 하느님을 있는 그대로 느끼게 되는 시기로 넘어갑니다. 이 시기에 하느님의 느낌, 곧 하느님의 현존 체험이 주어집니다. 이것은 하느님과 우정을 나누는 명백한 징표이며 하느님과 일치를 이루는 시초가 됩니다. 이 일치는 능동적인 '생각'[32]과 상상 - 하느님과의 일치를 방해하는 - 에서 벗어나 하느님의 뜻에 따라 행해지는 수동적인 생각과 상상을 하게 되는 상태를 말합니다. 결국 이러한 기도에서 자기 자신을 하느님께 내맡김으로써 하느님께서 함께 계시면서 달콤한 향기를 남겨 주셨다는 확신을 갖게 됩니다.

다시 말해 이 시기는 하느님과 일치하기 위해서 우리 자신의 모든 것을 내맡김으로써 영혼이 완전히 사랑에 빠지게 되어 하느님과 함께 있으려는 열망으로 가득한 시기입니다. 내맡김은 사랑하는 것으로부터 사랑에 빠져 버린 상태로 넘어가는 것입니다. 사랑에 빠진다는 것은 사랑하는 사람 없이는 살아갈 수 없다는 것을 의미합니다. 항상 어디서나 생각하고 그리워하는 상태입니다. 이런 상태는 생각이나 상상이라는 수고 없이 사랑하는 상태를 말하며, 하느님과 일치된 삶의 새로운 시작입니다. 결국 하느님과 이렇게 일치하는 것이 하느님을 사랑하는 모든 사람의 목표가 되어야 합니다.

그러면 이와 같이 대상이 있는 그대로 들어오는 기도를 하려면 어떻게 해야 할까요?

마르코 복음 10장 46절에서 52절에 나오는 예리코의 맹인을 살펴보는 것이 도움이 될 것입니다. 그 내용은 간단합니다. 예리코의 맹인은 예수님이 지나가는 것을 보고 자비를 베풀어 달라고 외칩니다. 주위 사람들이 잠자코 있으라고 꾸짖지만, 그는 더 큰 소리로 자비를 베풀어 달라고 외쳤습니다. 예수님께서 그를 불러 바라는 것을 물어보시고 "다시 볼 수 있게"(10,51) 해 달라는 그의 간청을 들어주셨다는 내용입니다.

여기서 대상이 들어오는 기도란 어떤 것입니까? 이 맹인은 '다시 볼 수 있게' 해 달라고 한 것으로 보아 태생 맹인이 아닙니다. 이것을 가지고 여러분이 예리코 맹인이라고 가정해 보고, 맹인이 되면서부터 예수님께 다가가기까지의 과정을 보면 다음과 같이 이야기할 수 있을 것입니다.

나는 사고로 눈을 잃었다. 활동적으로 일했던 나는 앞이 캄캄할 뿐이다. 나 스스로 할 수 있었던 일들이 이제는 무엇을 하든지 도움 없이는 할 수 없는 처지가 되었다. 밥을 먹을 때도, 어디를 가려 할 때도, 잠자리에 들 때도 언제나 도움이 필요하다. 이렇게 구차하게 살아야 하는가? 사람들에게 폐를 끼치는 것보다 죽는 것은 어떤가? 그러나 하느님께서 주신 몸, 내가 그렇게 할 수는 없다. 이렇게 저렇게 하느님도 원망해 보지만 잃은 눈을 되찾을 수는 없다. 어떻게 할 것인가? 이 불편한 상황을 편하게 받아들일 수 있겠는가? 한번 해 보자. 작심한 나는 주면 주는 대로, 불편하면 불편한 대로 그대로 받아들이기 시작하였다. 이렇게 하기를 십수 년. 이제 겨우 누가 뭐라고 해도 어느 정도는 그냥 웃어넘길 수 있을 정도가 되었다. 넉살 좋게 구걸도 할 수 있다. 구걸하다가 수모를 당해도 처음에는 어려웠지만 이제는 별로 신경 쓰지 않고 넘길 수 있게 되었다.

그러던 중에 예수라는 사람이 나타났다는 말을 들었다. 그는 가난한 사람들에게 복음을 전하고, 많은 기적을 행하고, 무지한 사람을 가르치며 율법 학자와는 다르게 권위 있게 가르친다고 한다. 그를 만나고 싶다. 눈을 뜨고 싶어서가 아니라 나와 같은 사람을 어떻게 대하는지 보고 싶어서다. 진정 메시아라면 나와 같은 보잘것없는 사람도 알아볼 수 있을 것이다. 그러나 그와 만날 기회는 좀처럼 찾아오지 않았다. 며칠 후에 구걸하러 나갔다. 한참 구걸하던 차에 많은 사람이 몰려오며 웅성대는 것을 느낄 수 있었다. 대체 무슨 일인가? 물어보자. 옆에 지나가는 사람에게 "무슨 일이냐?"고 묻자 "예수가 지나간다"는 것이다. 예수! 내가 만나 보고 싶었던 그 사람이 아니던가! 그를 만나 보자. 그를 한번 불러 보자. "예수님, 저에게 자비를 베푸소서." 너무 작았는지 아니면 군중의 소리에 파묻혔는지 예수는 응답이 없다. 그리고 누군가가 나를 나무란다. 나무라도 상관없고 지금 귀에 들어오지도 않는다. 그래도 그는 만나야 하지 않겠는가!

다시 더 큰 소리로 말하자, "예수님, 저에게 자비를 베푸소서!"

이제 들었는지 누군가가 나에게 오더니 예수께 가자고 한다. 나는 따라갔다. 예수가 내 앞에 있는 모양이다. 예수는 무엇을 원하느냐고 짤막하게 묻는다. 나는 "당신께서 원하신다면, 제가 다시 보게 해 주십시오" 하고 말했다. 예수는 "눈을 뜨라"고 한다. 눈을 뜨라니 나는 맹인인데. 그러나 나는 그의 말을 믿고 눈을 떴다. 그런데 뜻밖에도 무엇인가 보이기 시작하는 것이 아닌가? 다시 보게 된 것이다. 나는 그저 그를 만나보고 싶었을 뿐인데, 만남뿐만 아니라 눈까지 다시 얻었다. 그분에게 그저 감사할 수밖에 없었는데, 그 예수는 감사하다는 말조차 듣지 않겠다는 듯 금방 떠난다.

이 묵상을 통해 '힘을 빼라'는 말이 무엇인지 생각해 보겠습니다. 우리가 기도를 할 때 맹인처럼 절박하게 예수님께 매달리면서 육적인 눈뿐만 아니라 영적인 눈까지 뜨게 해 달라고 하듯이, 내가 생각하는 기준으로 달라고 합니다. 나에게는 힘이 너무 들어가 있습니다. 하느님께서 나에게 힘을 빼라는 말은 위의 이야기에서 나오듯이, 그 사람을 그냥 맹인으로 보지 않고 그 사람의 속마음을 보라는 것입니다. 사실 우리는 묵상을 하거나 실제 생활에서 만나는 인물들을 그냥 병자와 맹인으로 대하지 그 나름의 아픔, 상처, 한恨 등을 가진 한 사람으로서 그를 보지 못합니다. 즉 그 사람의 속 알맹이를 보지 못하고 그냥 겉껍데기 그대로 봅니다. 그렇기 때문에 그들의 이야기를 들을 때도 피상적으로 듣지 그 사람의 처지에서 이해하고 느끼려고 하질 않습니다. 나에게 힘이 들어가 있었기 때문에 진짜 그들을 이해하지 못하는 것입니다.

그들의 마음을 보려면 내 힘을 빼야 합니다. 힘을 빼지 않고 보면 그 사람들은 그냥 맹인에 지나지 않습니다. 힘을 빼면 그 사람의 속마음에 있는 깊은 감정들이 우리 안으로 들어옵니다. 아픔·상처·한 등을 가진 한 사람으로서 맹인을 볼 수 있습니다. 힘을 빼고 사람을 보니 이제 그 사람의 마음을 이해하고 감정을 이해할 수 있습니다. 나에게도 상처와 아픔과 한이 있듯이, 그런 것 없는 사람이 어디 있겠습니까? 이 점을 이해하면 사람들에게 측은한 마음이 일어나 대상이 내 안으로 들어오는 마음이 생기게 됩니다. 내가 힘을 가지고 있는 만큼 대상은 내 안으로 들어오지 못합니다. 내 힘이 빠질 때 그들의 감정과 아픔을 이해하고, 그럴 때 대상이 내 안으로 들어와 측은한 마음이 생겨, 그에게 무엇인가를 해 줄 수밖에 없는 상황이 만들어지게 됩니다.

일본 도쿄에서 올림픽이 열리기 전 어느 해의 일이었습니다. 인부들이 도쿄에 올림픽 경기장을 짓기 위해 여러 채의 집을 허물고 있었습니다.

"저것 좀 보게나!"

어느 집 지붕을 벗기던 한 인부가 소리쳤습니다. 일하던 인부들이 몰려 왔습니다. 그들은 놀라운 광경을 보았습니다. 바로 꼬리에 못이 박힌 도마뱀이었습니다. 자세히 보니 도마뱀은 꼼짝도 할 수 없는 처지였는데, 분명히 살아 있었습니다. 한 인부가 강한 호기심이 일어 집주인을 찾아가 물어보았습니다.

"이 집을 언제 지었습니까?"

"3년 전에 집을 지은 후, 못질을 한 적이 없습니다. 아마 그 당시 집을 지을 때 운 없이 꼬리에 못이 박힌 것 같습니다."

말하는 주인도 믿을 수 없다는 표정이었습니다.

"그러면 3년 동안 뭘 먹고 살았다는 거지?"

"누군가가 도마뱀을 도와준 모양이야. 그렇지 않다면 어떻게 지금까지 살아 있겠어?"

인부들은 일손을 놓고 도마뱀 이야기에 빠져들었습니다.

"분명히 무슨 사연이 있을 테니까, 우리 일을 멈추고 지켜보도록 하세."

인부들은 숨을 죽이고 도마뱀을 지켜보았습니다. 지켜보는 인부들의 마음속에는 과연 어떤 일들이 벌어질까 하는 호기심이 가득 차 있었습니다. 그때였습니다. 어디선가 도마뱀 한 마리가 기어 오더니 꼬리에 못이 박힌 도마뱀의 입에 먹이를 넣어 주는 것입니다. 못이 박힌 도마뱀이 맛있게 받아먹자, 그 도마뱀은 후다닥 사라졌습니다. 그러더니 얼마 지나지 않아 또 먹이를 물고 와 먹여 주었습니다.

"아니, 그렇다면 3년 동안이나 먹이를 물어다 주었단 말인가!"

"사람도 저러기는 쉽지 않을 텐데…."

지켜보던 인부들은 입을 떡 벌린 채 더 이상 아무 말도 하지 못했다고 합니다.[33]

도마뱀은 본능적으로 그렇게 했겠지만, 우리도 힘을 빼서 대상이 내 안으로 들어온다면 그러한 상황에서 측은한 마음이 생기고, 측은한 마음이 생긴다면 도마뱀과 같은 사랑을 우리도 3년 아니라 30년도 할 수 있을 것입니다. 그러나 그렇게 하지 못하는 것은 대상이 내 안으로 들어오지 못하기 때문이고 힘을 빼지 못하기 때문입니다. 힘을 빼기 시작하면 기도에서 느끼는 것을 사랑의 실천으로 나타내게 됩니다. 그러면 우리의 생활은 기도와 실천이 조화를 이루게 되고, 하느님과 일치하기 위해 더욱더 나아갈 수 있습니다.

2. 조화로운 삶을 향하여

:

힘을 빼어 내맡긴다면 대상이 내 안으로 들어와 나와 조화를 이루며 하느님 안에서 하나가 되어 갈 것입니다. 걸음걸이에 정신을 집중하면 나와 걸음걸이는 조화를 이루어 하나가 됩니다. 어떤 하나에 집중하면 그것과 하나가 될 수 있습니다. 그러나 달리기가 몸에 좋으니 뛰어야겠다고 생각하거나 어디까지 뛰겠다고 미리 결정하고 뛰게 되면, 마음에 부담감이 생기어 힘이 더 듭니다. 이것은 건강에 좋다고 하는 생각과 행동이 갈라지기 때문에 생기는 일입니다. 아무런 생각도 하지 않고 발걸음에 정신을 집중시켜 그저 뛰고 싶어서 뛰고 재미있어 뛰고 기분이 좋아서 뛴다면, 그 집중된 생각으로 다른 잡념이 들어오지 못합니다. 이렇게 하려면 발걸음에 맞춰서 염경기도(성구, 묵주기도, 구송기도 등)를 반복하여 기도하는 것이 좋습니다. 그 기도가 나의 온 마음을 차지하고 있으므로 다른 어떤 것도 들어올 수가 없습니다. 거기에는 시간도 초월하고 너와 나의 구별도 사라지게 됩니다. 집중된 기도 속에서 걷는 보행이나 뜀뛰기는 발의 움직임과 걷고 있는 나를 완전히 하나가 되게 합니다. 오직 걷고 있다는 사실과 그것을 인식하는 것과 평온한 만족만이 조화 속에 있을 뿐입니다. 일치가 이루어집니다.

도시가 시끄러워서 산 속으로 들어가거나 세상이 시끄러워서 집을 나가서 도를 닦겠다고 하는 것은 소극적인 생활 태도입니다. 만일에 산 속으로 피해 가면 산 속의 새소리나 바람소리가 시끄러워질 것이며, 세상이 싫다면 자기 몸도 싫어지고 말 것입니다. 옳지 못한 욕정을 이성과 의지력으로 극복하려고 육체적 고행이나 절제를 합니다. 그러니 이것이 그 욕정을 정화시키는 데는 도움이 될 수도 있겠지만 몸 전체를 고려한 것은 아닙니다. 하느님께서 인간을 흙과 숨으로 만드셨듯이, 몸과 마음은 함께 인간을 형성하는 원리이며 실체적으로 일치하여 인간 전체를 이루고 있기에 분리되기 어렵습니다. 몸과 마음은 상호작용을 하기 때문에 몸을 장애물로 여기지 말아야 합니다. 즉 마음과 몸, 정신과 물질은 둘이지만 서로 떨어져 있는 것이 아닙니다. 생활 습성 속에서 형성된 자아의식이 몸가짐에서부터 마음가짐에 이르기까지 고정된 의식을 형성하고 있으므로, 이것들이 서로 조화를 이룬다면 그로 인해서 몸의 자세, 습관화된 호흡, 마음가짐 등이 조화를 이루어 심신의 긴장이 아닌 평화를 가져옵니다.

소금은 음식의 맛을 내고 방부제로도 쓰이지만, 생명체가 먹지 않으면 죽을 정도로 대단히 중요합니다. 그런데 이렇게 중요한 소금을 구성하는 원소는 두 가지 독소입니다. 즉 소금을 이루는 원소는 나트륨과 염소인데, 사람이 이 나트륨과 염소를 각각 따로 먹으면 죽고 맙니다. 물도 참 묘합니다. 물을 이루는 산소는 불이 붙으면 몹시 뜨겁게 타는 물질이며 수소도 불에 탈 수 있는 물질인데, 이 두 가지가 합해지면 정반대로 불을 끄는 물이 됩니다.

소금과 물의 원소들을 분리하듯 우리가 흑백을 가르는 이분법을 사용한다면, 그 한 가지 한 가지에는 독소가 들어 있는 법입니다. 그래서 우리는 이분법이 아닌 조화가 필요합니다. 두 가지가 잘 합해져서 음식의 맛을 내는 소금이 되고 물이 되듯, 우리도 흑백의 논리가 아닌 조화의 논리로 가야 합니다. 자동차 한 대를 만들기 위해 약 이만 개의 부품이 필요하다고 합니다. 그 이만 개가 모여서 하나의 자동차가 됩니다. 자동차 한 대가 제대로 되려면 그 부속품 하나하나가 전부 제구실을 해야 합니다. 어느 하나라도 말썽을 부리면 안 됩니다. 어느 것 하나를 빼 놓고 달릴 수도 없습니다. 이만 개의 부속이 똑같이 힘을 모으고 조화를 이루어야 하나가 됩니다. 건반, 쇠줄, 망치, 철사줄 등으로 구성된 피아노에서 부분 부분을 다 떼어 내면 아무 쓸모없는 것이 되지만, 그것이 조화를 이루면 아름다운 소리를 내는 악기가 됩니다. 또한 오케스트라에서 바이올린, 첼로, 플루트, 바순 등 그 많은 악기의 모양과 소리가 다 다르고 연주자들도 모두 다르지만, 그것이 조화를 이룰 때 결국은 악기도 하나요 연주자도 하나라는 느낌을 줍니다. 제각각 개성을 지니지만 전체가 조화롭게 되면 화음을 이루게 됩니다.

장자는 이렇게 말합니다.

"산다는 것이 꼭 즐거움은 아니다. 죽는다는 것이 꼭

괴로움은 아니다. 삶과 죽음은 사실 별 차이가 없다. 사람이 산다는 것은 마치 꿈을 꾸는 것에 불과하다. 죽는다는 것은 그 꿈에서 깨어나는 것과 같다. 어쩌면 죽음 후에 살아 있을 때가 너무 어리석었고, 왜 빨리 죽지 않았을까 하는 생각을 하게 될지도 모른다. 즉 악몽을 꾼 후에 깨어나서 그 악몽이 너무 길었다고 원망하는 것과도 같다."[34]

또한 법구경法句經에서는 이렇게 말합니다.

"사랑하는 사람을 가지지 말라. 미운 사람도 가지지 말라. 사랑하는 사람은 못 만나 괴롭고, 미운 사람은 만나서 괴롭다. 그러니, 사랑을 일부러 만들지 말라. 사랑은 미움의 근원이 된다. 사랑도, 미움도 없는 사람은 모두 근심과 구속에서 벗어나리라."[35]

장자나 법구경에서는 삶과 죽음 그리고 사랑과 미움을 나누지 말라고 하지만, 우리는 이러한 것들을 나누어 생각하며 살아갑니다. 이렇듯 우리는 이분법적인 흑백 논리를 가지고 살아가고 있습니다. 어떤 때는 너무 강한 흑백 논리로 말입니다. 때때로 내 말은 다 옳고 상대방의 말은 그르다는 식으로 말합니다. 그러면 정말 옳고 그른 말이 있습니까? 틀린 것은 그 옳고 그름을 가르는 생각입니다. 이러한 흑백 논리로 살아간다면 나 밖에는 옳은 사람이 없을 것이고 모든 사람은 적이 되고 말 것입니다. 중요한 것은 이렇게 흑백으로 나누는 것이 아니라 흑백을 나누는 나의 생각을 인식하고 버리는 것입니다. 즉 흑백을 나누는 생각(껍데기)을 강화시킬 것이 아니라, 그 속에 있는 '참 나'(알맹이)를 알고 그 '참 나'를 가지고 살아야 합니다.

우리는 출세와 성공 그리고 승리를 향해 달립니다. 그러나 게임에서 패자가 있어야 승자가 있듯이, 종이 있어야 양반이 있는 것이고, 네가 있으니까 내가 있는 것이고, 손해를 보는 사람이 있으니까 이익 보는 사람이 있는 법입니다. 내가 편할수록 누군가는 불편하고 인간의 편리함 때문에 자연은 망가지고 있습니다. 우리는 이분법에 따라 어느 한 쪽을 결정하고 그것만을 보고 달려가고 있습니다. 그러나 지금의 나는 내가 아니라 네가 있었기에 가능했던 일이고, 사물 하나하나는 모든 자연의 움직임이 작용하는 동시에 인간의 피와 땀이 함께한 것입니다. 그러므로 눈에 보이고, 귀에 들리고, 감각으로 만질 수 있는 것들 안에서만 살 것이 아니라, 눈에 보이지 않고 만질 수 없는 것들 안에 사는 법을 터득해야 할 것입니다. 목마른 자에겐 물을, 배고픈 이에겐 밥을 주고, 엎어진 자는 일으켜 주고, 찢어진 자는 싸매 주는 조화의 관계, 보완의 관계, 하나의 관계를 이루어야 합니다.

우리는 생각해서 확신이 들면 있는 것이고 그렇지 않으면 믿지 않거나 없다고 합니다. 그러나 우리 생각의 있고 없음에 따라 실제의 것이 있고 없게 되나요? 다만 그것은 생각일 뿐이지 실제 존재하고는 다릅니다. 은하계 너머 또 다른 우주가 있다고 생각해서 있고, 없다고 생각한다고 없지 않습니다. 이것은 다 관념이고 생각입니다. 우리가 이렇게 나누는 것은 사람에게 두 종류의 눈이 있기 때문입니다. 하나는 자신을 보는 눈, 또 하나는 타인을 보는 눈입니다. '자신의 들보는 못 보면서 다른 사람의 티는 잘 보듯이'(마태 7,3-5 참조) 자신을 보는 눈은 언제나 관대하고 너그러워 용서에 인색하지 않은 반면, 타인을 보는 눈은 섭섭한 일을 항상 기억하고 물욕과 계산으로 가득 차 있어 용서를 모르는 허위의 눈입니다. 자신을 보는 눈은 엄격하고 치열한 반면, 부드럽고 너그러운 생명의 빛이 그득한 눈으로 타인을 보는 이야말로 향기 짙은 진실의 눈을 가진 사람입니다.

그렇기 때문에 우리가 태도만은 바꿀 수 있습니다. 즉, 눈의 색깔을 바꿀 수는 없지만 눈빛은 바꿀 수 있고, 귀로 나쁜 소리를 듣지 않을 수는 없지만 들은 것은 잊어버릴 수 있고, 입의 크기는 바꿀 수 없지만 입의 모양은 미소로 바꿀 수 있습니다. 또한 빨리 뛸 수는 없지만 씩씩하게 걸을 수는 있고, 목소리는 음치이지만 휘파람은 불 수 있고, 물질로 남을 도울 수는 없지만 가만히 손을 잡아 줄 수 있고, 세상을 아름답게 치장할 수는 없지만 꽃 한 송이를 꽂을 수 있고, 문제를 해결해 줄 수는 없지만 기도해 줄 수 있고, 비록 몸은 건강하지 못하다 해도 마음만은 건강할 수 있습니다. 노래는 부를 때까지 노래가 아니며, 종은 울릴 때까지 종이 아니고, 사랑은 표현할 때까지 사랑이 아니며, 축복은 감사할 때까지 축복이 아니듯이 이러한 태도가 행동으로 나타나야 합니다. 그것도 내일이면 맹인이 될 사람처럼 우리의 눈을 사용하고, 그렇게 다른 감각도 사용해야 합니다. 마치 내일이면 다시는 아무것도 못 만지게 될 사람처럼 모든 것을 만지며 그 촉감을 즐기도록 하십시오. 마치 내일이면 아무 냄새도 맡지 못하게 될 사람처럼 그렇게 꽃의 향내를 맡고 음식의 냄새를 맡으십시오. 이러한 태도를 가지고 살아갈 때 조화로운 삶이 될 수 있습니다.

인생은 모자이크 벽화와 같습니다. 슬픈 일, 기쁜 일, 눈물과 웃음, 순탄한 때와 힘겨울 때, 질병과 건강, 성공과 실패 등이 어우러져 조화를 이루면서 한 생애를 꾸밉니다. 한 계통의 색깔만 가지고 모자이크하는 것이 불가능하듯, 인생 모자이크도 여러 색깔이 합쳐서 조화의 미를 발산하게 됩니다.

우리는 기도, 독서, 자연과 선행 등을 통하여 하느님의 부드러운 사랑의 음성을 들으면서 초대를 받지만, 하느님께 즉시 응답하지 못하고 조화로운 삶을 살지 못하는 것은 우리가 세상과 하느님 사이에 끼여 있기 때문입니다. 이 안에서는 순간적인 일치만 있을 뿐 지속적인 일치는 없습니다. 이것이 바로 '마음의 갈라짐'인데, 문제는 우리가 이 둘 중 어느 하나를 던져 버리지 않고 있다는 데 있습니다. "너희는 하느님과 재물을 함께 섬길 수 없다"(마태 6,24)고 했지만, 우리는 아직도 망설이고 있습니다. 우리에게 제시되는 이 두 길은 도로의 이정표와 같습니다. 어떤 이들은 하느님을 택하고 또 어떤 이들은 감각의 즐거움과 같은 근본적이지 못한 공허한 삶에 자신을 맡깁니다. 최악의 경우에는 '하느님과의 단절'이라는 극단적 상태에 이르기도 합니다. 이 문제의 해결책은 '갈라짐' 없이 하느님을 충실히 섬기려고 결심하는 것입니다.

결국 조화로운 삶을 살아가기 위해 필요한 것은 불편심不偏心입니다. 이냐시오 성인이 말하는 불편심은 어느 한쪽으로도 치우치지 않는 것, 예컨대 "질병과 건강, 빈곤과 부귀, 단명과 장수의 어느 쪽도 바라지 않는 것"[36]을 가리킵니다. 즉 질병과 건강, 빈곤과 부귀, 치욕과 명예, 단명과 장수라는 것은 동일한 실재의 다른 면(원운동을 옆에서 보면 직선왕복운동)에 불과하기 때문에, 이러한 이분법을 초월하여 언제나 초연한 마음을 가지고 만사萬事를 받아들인다는 말입니다. 사적인 감정을 개입시키지 않고 사물을 있는 그대로 투명하게 받아들인다는 것입니다. 그러나 사람의 마음은 이러한 양 극단을 좇아 분주하게 움직이는데, 불편심은 양 극단이나 이분법 어느 쪽으로도 움직이지 않는 마음입니다. 사물을 보고 듣되 그 사물에 마음이 움직이지 않으며 누가 화를 내며 욕을 해도 분노하지 않습니다. 무엇에도 끌려 다니지 않는 자유를 찾는 것이 바로 불편심입니다. 우리의 마음은 화를 내고 나서는 이제부터는 결단코 화를 내지 않겠다고 후회합니다. 그러나 얼마 가지 않아서 다시 화를 내고 또 후회하면서 끝없이 양 극단 사이를 오갑니다.

불편심이 있을 때, 마음은 어떤 노력도 필요 없이 자연적으로 중도中道를 행하게 됩니다. 걷든지, 머물든지, 앉든지, 눕든지 그 무엇을 하든지 언제나 이분법을 떠나 중도에 머물러 있으면, 우리의 내부에서 고요함이 생겨날 것입니다. 그리고 그 고요함이 우리를 가득 채울 때 문득 우리는 자신이 중심에 서 있음을 깨닫게 될 것입니다. 조화로운 삶은 바로 불편심을 가지고 사는 것입니다. 그러면 좋고 싫어하는 일도 없고 그리워하는 일도 없게 되는, 대상과 이웃과 하느님과 하나가 되는 때가 이루어집니다. 여기에서 너와 나, 또는 나와 대상, 그리고 나와 하느님이 하느님 안에서 하나가 됩니다. 이 일치 안에서 진정한 사랑과 봉사라는 실천 행위는 통합되고 조화를 이루게 됩니다. 결국 주객의 분리가 사라지고 모든 차이와 분별이 사라져서 조화를 이룰 때, 성부와 성자와 성령이 하나이듯 하느님 안에서 하느님과 내가 하나가 됩니다.

제5장

사랑의 실천: 제자들의 발을 씻어 주시다

●

지금까지 자신의 과거 경험을 정화시켜야 대상이 내 안으로 들어오고 하느님에게서 오는 맛을 느낄 수 있다고 말했습니다. 그리고 힘을 빼는 것이 무엇이고 힘을 빼는 만큼 대상이 있는 그대로 들어와 마음을 움직여 대상에게 다가갈 수 있으며, 조화로운 삶 속에서 하느님과 일치하기 위해 나아간다고 했습니다. 이제 남은 것은 실천뿐입니다. 그 실천이 바로 사랑의 표현입니다.

최후의 만찬 때 제자들을 극진히 사랑하신 예수님은 그

들의 발을 씻어 주심으로써 자신의 사랑을 표현하십니다. 사랑을 안다는 것은 이해하는 것을 넘어서서 느끼는 차원까지 이르러야 합니다. 사실은 이 정도를 넘어 예수님처럼 실천으로 표현하는 데까지 가야 정말로 사랑을 안다고 할 수 있습니다. 그래서 이 세상에서 가장 먼 것은 '머리에서 가슴'까지의 거리이고, 더 먼 것이 바로 '머리에서 발'까지의 거리라고 합니다. 그만큼 실천하기가 어렵다는 말입니다.

또한 예수님의 사랑 표현은 당신의 몸과 피, 생명과 귀중한 모든 것을 다 내놓으시는, '자신을 몽땅 내놓는' 수난에서 절정에 이르며 완성됩니다. 즉 모욕, 조롱, 매맞음, 희롱, 욕설, 빈정거림, 손찌검, 침 뱉음 등을 당하도록 자신을 내놓음으로써 수난을 받아들이십니다. 그리고 우리에게 같은 일을 하도록 요구하십니다. "이를 행하여라"(1코린 11,25) 하고 말입니다. 예수님이 당신의 귀중한 것을 다 내놓으시듯이 우리도 귀중한 것을 예수님과 이웃과 내 자신을 위해 몽땅 내놓아야 할 것입니다. 이 점에서 "예수님은 사랑이시다"라는 말이 실감나게 다가옵니다. 사랑하게 되면 같이 있고 싶고 더 사랑하면 그 안에 들어가 살고 싶어 합니다. 예수님은 우리를 너무 사랑하셔서 우리 마음속에 들어와 살고 싶어 하십니다. 그래서 성체의 모습을 통하여 매일 우리에게 오시는 것입니다.

대지진의 참사를 겪은 아르메니아에서 눈물겨운 이야기가 전해졌습니다(Bergen Report).

무너진 콘크리트 건물 속에 스잔나 페트로시안(26세)이 갇혔습니다. 몹시 추웠고 먹을 것이라고는 전혀 없었습니다. 한쪽에는 올케 카린의 처참한 시체가 보였고 곁에는 네 살 난 딸 가야니가 있었습니다. 구조의 손길은 막연했고, 죽을 시간만을 기다리고 있었습니다. 배고픈 딸은 마실 것을 달라고 울부짖고 있었습니다. 현지 의사의 증언에 의하면 아이가 어른보다 수분이 더 필요하다고 합니다. 이 엄마는 딸이 죽을 것 같아 자기의 손가락을 깨진 유리 조각으로 찌르고 아이에게 물렸습니다. 그것으로도 부족하자 다른 손의 손가락도 또 찌르고 물렸습니다. 아이는 엄마의 피를 빨면서 연명하였습니다. 이 모녀가 14일 뒤에 구조되어 살아난 것은 기적 중의 기적

이라고 합니다.[37]

누군가를 사랑한다고 했을 때 어떻게 사랑한다는 것을 표현할 수 있겠습니까? 가장 큰 사랑의 표현은 '사랑의 세 단계'[38] 중 세 번째 단계의 사랑으로 상대를 위해 내가 먹을거리가 되고 밑거름이 되는 것입니다. 즉 딸에게 자신의 피를 빨게 한 어머니와 같이 상대에게 내가 가진 귀중한 것을 모두 내주는 것입니다. 예수님은 이렇게 사랑하십니다. 그래서 몸과 피, 즉 생명, 다시 말하면 가장 귀중한 것을 상대를 위해 내주십니다. 조롱을 원하면 조롱을, 모욕을 원하면 모욕을, 업신여김을 원하면 업신여김을, 침 뱉음을 원하면 침 뱉음을, 뺨을 원하면 뺨을, 희롱을 원하면 희롱을, 욕설을 원하면 욕설을, 상대가 원하는 대로 주십니다. 왜 그렇습니까? 사랑하기 때문에 사랑하는 사람이 원하는 대로 해 주고 나의 모든 것을 내주는 것입니다.

남극을 정복한 영국이 낳은 위대한 탐험가 섀클턴 경(Sir Ernest Shackleton)이 '자신이 한 모든 탐험 중에서 가장 위험했던 경험을 말해 달라'는 부탁을 받고 이런 이야기를 했습니다. 아주 위급한 상황을 당하여, 그는 대원들과 함께 임시 대피소를 만들고 누웠습니다. 식량도 다 떨어져서 마지막 비스킷을 한 봉지씩 대원들에게 나누어 주었습니다. 과연 대원들을 모두 인솔하고 안전한 곳까지 도달할 수 있을지 전혀 예상할 수 없는 상황이었습니다. 죽음이 금방 닥칠지도 모르는 형편이었습니다. 극도로 지친 대원들은 모두 잠이 들었으나 섀클턴 경은 잠을 이루지 못하고 있다가, 인기척을 듣고는 조용히 살펴보았습니다. 한 대원이 다른 사람들이 다 잠들어 있는가를 확인하고 있었습니다. 섀클턴 경은 그 사람이 무슨 일을 하려고 그런가 알아보려고 그대로 가만히 누워 있었습니다. 그 대원은 손을 뻗쳐서 옆에 자고 있는 동료 대원의 비스킷 봉지를 훔쳐 가는 것이었습니다. 섀클턴 경은 기가 막혔습니다. '생사의 경지에서, 자기의 생명까지도 믿고 맡길 수 있는 사람으로 알았는데, 이런 위급한 상황에서 동료의 마지막 비스킷을 훔쳐 가다니, 저런 악한 인간이 있을까!'라고 생각하며 분노가 치밀어 올랐습니다. 그런데, 그 도둑의 행동을 계속 살피던 섀클턴 경은 깜짝

놀라서 너무 큰 감동을 받았습니다. 친구 대원의 비스킷 봉지를 훔친 그 사람은, 훔쳐 온 비스킷 봉지를 열더니 자신의 봉지에서 비스킷을 꺼내서 친구의 봉지에다 채웠습니다. 그리고는 그 채운 봉지를 다시 살며시 밀어서 동료 대원의 머리맡으로 옮겨 놓는 것이었습니다.[39]

굶주린 배를 움켜쥐고 생사의 고비를 헤매는 그 상황에서 자신의 음식을 나누는 것은 예수님의 수난 때 나누는 그 사랑과 다를 바가 없습니다. 히틀러의 살해 계획에 참여하였다가 처형된 본회퍼 목사가 감옥에서 쓴 편지에 이런 말이 있습니다. "명령에 따라 고통받는 것은 자의(自意)로 고통받는 것보다 쉽습니다. 여럿이 함께 고통받는 것은 혼자 고통받는 것보다 쉽습니다. 육체적으로 고통받는 것이 정신적으로 고통받는 것보다 쉽습니다. 그런데 예수님은 자의로, 혼자서, 육체와 정신의 고통을 받으셨습니다."[40] 본회퍼의 말대로 예수님은 자의로, 혼자서, 육체와 정신의 고통을 받으시면서도 당신 자신을 위해서가 아니라 모두 상대방을 위하여 말씀하십니다. 즉 '예루살렘의 여인들을 위로'하시고(루카 23,28), '못

박는 자를 용서'하시는(루카 23,34) 등 상대방을 위한 말과 행위만을 하십니다. 우리라면 이렇게 말할 수 있겠습니까? 나에게 이런 일이 닥친다면 '이렇게 위로해 주어 고맙다'고 했을텐데, 예수님은 자신의 처지는 아랑곳하지 않고 상대에 대한 사랑만을 보여 주셨습니다.

피정 중에 네 시간 가까이 산행한 적이 있었습니다. 예수님의 그 수난에 동참하려고 나 자신을 피곤에 지치게 만든 것입니다. 거의 끝나갈 무렵, 가파른 언덕길을 올라갈 때는 다른 어떤 것도 들어오지 않고 오직 나만을 위한, 즉 샤워하고 쉬고 싶은 생각으로 가득 찼습니다. 그러나 예수님은 이렇게 힘든 시간에도 오로지 상대방을 위한 사랑만 드러내셨습니다. 예수님의 처지를 보니, 보통 때 느끼는 그분의 사랑과는 전혀 다른 차원의 사랑을 보여 주셨습니다. 어떻게 그러한 상황에서 나 자신의 처지를 보지 않고 상대방을 위해서 위로하고 용서하고 사랑할 수 있을까요? 저에게는 이것이 예수님 사랑의 극치로 느껴졌습니다.

또 한번은 세 시간 넘게 산행하면서 힘들었지만 산들을 바라보면서 아름다움을 크게 느낀 적이 있었습니다.

너무나 큰 아름다움이 내 안으로 들어와 힘든 줄을 몰랐습니다. 예수님의 경우도 마찬가지였을 것입니다. 인간에 대한 사랑이 정말로 지극했기 때문에, 수난의 고통 때문에 몹시 힘들었어도 예수님은 예루살렘 부인들을 위로할 수 있었다고 봅니다. 자신을 몽땅 내놓으신 예수님, 아무것도 가지신 것이 없습니다. 가지지 않고 왔듯이 아무것도 가지지 않고 죽으시는 예수님, 모든 것을 아버지 손에 맡깁니다.

제6장
부활 체험

●

내 생각이 많고 힘을 빼지 못하면 예수님이 계시지 않는 빈 무덤이 되고 맙니다. 내가 많은 것을 알고 알아듣는다 해도 예수님이 안 계시면 아무 소용이 없는 빈 무덤과 같습니다.

공자가 제자들과 채나라로 갈 때의 이야기입니다. 도중에 양식이 다하여 채소만 먹으며 일주일을 버텼습니다. 그들은 모두 기진맥진한 상태가 되었습니다. 공자도 힘이 없어 잠시 잠이 들었습니다. 공자가 아끼는 제자 중에 안회라는 사람이 있었는데 그가 어디선가 쌀을 조금 얻어 왔습니다. 그는 빨리 밥을 지어 선생님께 드리고 싶었습니다. 밥이 익어 갔습니다. 그때 공자도 잠을 깼는데 마침 밥 냄새가 코끝에 스쳤습니다. 공자는 웬일인가 하여 부엌을 들여다보았습니다. 마침 안회는 솥뚜껑을 열고 있다가 밥을 한 움큼 꺼내어 자기 입에 넣는 중이었습니다. 공자는 생각했습니다.

'안회는 평소에 내가 밥을 다 먹은 후에야 자기도 먹었고 내가 먹지 않은 음식이면 수저도 대지 않았는데 이것이 웬일일까? 평상시의 모습이 거짓이었을까? 다시 가르쳐야 되겠구나.'

그때 안회가 밥상을 차려 공자에게 가지고 왔습니다. 공자가 어떻게 안회를 가르칠까 생각하다가 기지를 발휘하여 이렇게 말했습니다.

"안회야, 내가 방금 꿈속에서 선친을 뵈었는데 밥이 되거든 먼저 조상에게 제사를 지내라고 하시더구나."

공자는 제사 음식이야말로 깨끗해야 하며 누구도 미리 손대지 않아야 한다는 것을 안회도 알기 때문에 그가 먼저 먹은 것을 뉘우치리라고 생각하였습니다. 그런데 안회의 대답은 달랐습니다.

"선생님, 이 밥으로는 제사를 지낼 수 없습니다."

공자가 놀라서 물었습니다.

"왜 그런가?"

"이 밥은 깨끗하지 않습니다. 제가 조금 전 뚜껑을 열었을 때 천장의 먼지가 내려앉았습니다. 선생님께 드리자니 더럽고 그렇다고 버리자니 너무 아까워 제가 그 부분을 덜어 내어 먹었습니다."

공자는 이 말을 듣고 안회를 의심한 것이 부끄러웠습니다. 공자는 곧 제자들을 모아 놓고 말했습니다.

"예전에 나는 나의 눈을 믿었다. 그러나 나의 눈도 완전히 믿을 것이 못 되는구나. 예전에 나는 나의 머리를 믿었다. 그러나 나의 머리도 완전히 믿을 것이 못 되는구나. 너희들은 알아 두어라. 한 사람을 진정으로 이해한다는 것은 참으로 어려운 일이라는 것을"(여씨춘추).[41]

이 이야기에서와 같이 우리는 공자처럼 앞뒤를 자르고 '밥 먹는' 장면만 보게 됩니다. 이것이 "시야의 독재성"[42]입니다. 이렇게 되면 안회에 대해 거짓말을 하지 않으면서도 나쁘게 말할 때에는 "손도 안 댄 음식을 먹더라" 하고 말할 수 있고, 좋게 말할 때에는 "먼지가 묻은 더러운 밥도 먹더라" 하고 말할 수 있습니다. 우리도 우리에게 필요하고 이용할 만한 말만 가져다 쓰고 있는 것은 아닌지 생각해야 합니다. 하느님의 뜻은 찾지 않고 자신의 이익을 위해 사용하는 것이 예수님의 사랑에 대한 우리의 배반일 것입니다. 베드로의 배반(루카 22,54-62)이 바로 그렇습니다. 사랑의 배반은 내 것을 내놓지 못하는 것이고, 내 뜻대로 하려는 것입니다. 이 배반을 회복하려면 하느님의 뜻을 찾는 데에서부터 시작해야 할 것입니다. "나를 기억하며 이를 행하라"고 했듯이 수난을 기억하고 이 수난, 즉 상대방에게 머치고 밑거름이 되어 주는 사랑을 행하는 것입니다.

1. 제자들의 부활 체험

요한 복음을 보면 '부활하신 예수님이 막달라 여자 마리아에게 나타났을 때'(요한 20,11-18), 처음에는 그녀가 예수님을 알아차리지 못하고 '마리아야!' 하고 불렀을 때에야 비로소 알아봅니다. 예수님과 그토록 가까웠던 그녀가 왜 처음부터 예수님을 알아볼 수 없었을까요? 그녀는 옆에 계신 예수님을 동산지기로 착각하고 있었습니다. 왜 이렇게 착각하여 그토록 사랑하는 예수님을 알아볼 수 없었을까요? 그것은 바로 동산지기가 있을 것이라는 '생각'이 자신을 지배하고 있기 때문에 알아볼 수 없었던 것입니다. 예수님이 돌아가셨다는 슬픈 감정이 흘러간(감정은 가지고 있되 그 감정으로부터 영향을 받지 않게 되어 다른 것을 받아들일 수 있는 여유가 주어졌을 때) 뒤에야 예수님을 알아볼 수 있는 마음의 여유가 생겼습니다. 그래서 예수님이 '마리아야!' 하고 불렀을 때에야 비로소 자신의 생각에서 벗어났고 다시 말하면 힘을 뺄 수 있었고, 그때 예수님을 알아볼 수 있게 되었습니다. 돌아가시기 전 공생활 때 예수님은 막달라 여자 마리아를 즐겨 '마리아야!' 하고 부르셨고, 마리아는 그 부르심을 들었을 때 자신의 생각이 사라지면서 곧바로 예수님을 알아보게 되었습니다. '마리아야!' 하는 부름은 마리아가 예수님을 가장 친근하게 느낄 수 있는 방식이었던 것입니다. 중요한 것은 이렇듯 예수님은 우리에게 가장 가깝고 친근한 방식으로 다가오신다는 사실입니다.

또한 루카 복음을 보면 '엠마오로 가는 제자들에게 부활하신 예수님이 나타났을 때'(루카 24,13-35), 그들은 옆에 계신 예수님도 알아보지 못하다가 빵을 떼어 주실 때에야 비로소 그분을 알아봅니다. 그들은 예수님께서 성경을 설명해 주실 때에 뜨거운 감동을 느꼈음에도 불구하고 왜 예수님을 알아보지 못하였을까요? 그것은 두 제자가 거룩한 이야기를 하고 있음에도 불구하고 자신들의 생각에 머물러 있었기 때문입니다. 빵을 떼어 주실 때에야 생각으로부터 해방(힘을 뺌)되고 비로소 예수님을 알아볼 수 있는 마음이 생긴 것입니다. 지식을 받아들일 때는 알아보지 못하다가, 생각이 흘러가고 지식도 흘러간 뒤에(지식은 가지고 있되 그 지식이 영향을 끼치지 않게 되어 다른 것들이 들어올 여유가 주어졌을 때) 예수님을 알아볼 수 있는 마음이 열린 것입니다.

여기서도 예수님은 제자들에게 아주 친근한 방식으로 다가오십니다. 즉 그들이 이야기를 나누며 토론하고 있을 때에 예수님은 친히 그들에게 다가가서 나란히 걸어가십니다(루카 24,15). 이렇게 친근하고 가깝게 다가오시는데 우리가 옆에 계신 예수님을 알아보지 못하는 것은 눈이 가리어져 있기 때문입니다. 처음에 그들은 눈이 가리어져서 예수님을 알아보지 못하다가(루카 24,16) 빵을 떼어 주실 때 눈이 열려(루카 24,31) 예수님을 알아봅니다. 눈이 가리어져 있다는 것은 시야의 독재성, 자기 생각으로 꽉 차 있다는 말입니다. 그리고 눈이 열렸다는 것은 시야의 독재성으로부터, 자기 생각으로부터 해방되었다는 말로 제자들은 그때서야 비로소 예수님을 알아볼 수 있었던 것입니다.

유엔 본부 내 기도실 제단은 철광석으로 만들어져 있습니다. 철광석으로 대포를 만들 수도 있고 삽이나 호미를 만들 수도 있습니다. 문제는 철광석에 있지 않고 그것으로 무엇을 만들지를 결정하는 사람의 마음에 있습니다. 사람의 마음이 평화의 씨가 될 수도 있고 싸움의 출발이 될 수도 있다는 뜻에서 이 제단을 철광석으로 만들고, 인류를 향하여 어느 쪽으로 향하고 있는가를 묻는 것이 유

엔 기도실 제단의 의미입니다.[43]

철광석으로 무엇을 만들 것인가에 따라서 우리의 마음이 평화의 씨가 될 수도 있고 싸움의 출발점이 될 수 있듯이, 우리의 지식이나 감정에 머물면서 나 중심적으로 살아가느냐 아니면 그것들을 흘러가게 놓아둠으로써 예수님의 부활을 체험할 것이냐는 바로 내 마음에 달려 있습니다. 예수님의 부활을 체험하고 싶다면 우리는 지식이나 감정을 흘러가게 놓아두는 잠심의 상태에 있어야 합니다. 그러나 성경 지식(엠마오 두 제자)이라는 생각이 부활하신 예수님을 알아볼 수 없게 만들듯, 감정(막달라 여자 마리아)도 예수님의 부활을 체험하지 못하게 만듭니다.

결국 지식이나 감정을 무엇을 위해 어디에 사용할 것인가 하는 우리 마음의 태도가 나 중심적이냐 아니면 하느님 중심적이냐에 따라서 부활하신 예수님을 체험할 수 있느냐 없느냐가 전적으로 결정됩니다. 지식과 감정이라는 생각이 흘러가니까 힘을 빼게 되고 생각·지식·감정을 흘러가게 놓아둠으로써 대상이, 예수님이,

하느님이, 이웃이 내 안으로 들어올 수 있게 됩니다. 여기서 생각이 사라져야 하고 힘을 빼야 된다는 것은 열왕기 상권 19장 9절에서 12절에 나오는 강한 바람, 지진, 불, 이것들이 지나가야 한다는 것을 의미합니다. 이것들이 지나간 뒤에 조용하고 여린 소리가 들려왔던 것처럼 예수님을 알아볼 수 있게 됩니다. 이와 달리 지식과 감정이 나를 지배하면 그것은 예수님이 현존하지 않는 빈 무덤이 되고 맙니다.

2. 부활에 대한 확신

:

돌아가신 예수님이 살아 계신 모습으로 나타나셨을 때 처음에 제자들은 믿을 수 없었을 것입니다. 그리고 믿기가 쉽지 않았을 것입니다. 우리도 돌아가신 분을 다시 본다면 헛것을 보았다고 할 것이고, 좀처럼 믿지 못할 것입니다. 제자들의 처지도 이와 비슷합니다. 그래서 예수님은 제자들이 믿도록, 확신하도록 사십 일이라는 긴

기간 동안 제자들에게 나타났다가 사라지는 일을 계속하셨습니다. 이것이 곧 확신 작업이라는 것입니다.

그럼 이제 우리가 예수님과 함께 살아본 것도 아닌데 어떻게 예수님을 알아볼 수 있으며, 부활하신 예수님을 확신하기 위해서는 어떻게 해야 할 것인가 하는 문제를 살펴보겠습니다. 제자들이 부활하신 예수님을 알아보는 것은 공생활 때 제자들과 함께 계시면서 보여 주셨던 것과 같은 모습을 부활 때 보여 주시기 때문입니다. 다시 말해 예수님께서 공생활 때 보여 주신 모습이 현재의 사람들 안에서 똑같이 반복되는 가운데 부활하신 예수님을 체험하게 된다는 것입니다. 예를 들면, 공생활에서 불렀던 '마리아야!', 그리고 빵을 떼어 주시는 장면 등을 통하여 부활하신 예수님을 알아봅니다. 결국 우리는 예수님을 인격적으로 만날 수 있는 공생활을 통해서 예수님을 알아보고 체험할 수 있습니다. 공생활에서의 예수님을 맛들이고 닮는다면, 우리는 부활하신 예수님을 제자들과 똑같이 경험하고 체험할 수 있습니다.

그러면 성경 속에서 예수님과 인격적으로 만나 예수님을 맛들이고 닮는다면 우리는 어떻게 변화되겠습니까? 공생활을 통해서 예수님을 닮게 되면, 우리는 보잘 것없는 사람에게서도 부활하신 예수님을 볼 수 있게 됩니다. 바로 "가장 작은 이들 가운데 한 사람에게 해 준 것이 바로 나에게 해 준 것"(마태 25,40)이라고 가르치신 것처럼 말입니다.

공자의 제자 자건子騫이 눈보라가 치는 겨울날 아버지와 길을 떠나게 되었습니다.

"이 정도 추위도 못 견딘다면 어찌 사내대장부라고 하겠느냐?"

아버지는 추워서 덜덜 떨며 걷고 있는 자건이 못마땅하여 그를 꾸짖었습니다. 하지만 자건은 여전히 잔뜩 웅크린 채 고개를 숙이고 걸었습니다.

"네 이 녀석, 어깨를 펴고 걷지 못하겠느냐?"

걸음을 멈춘 아버지는 자건을 호되게 나무라며 그의 어깨를 두 손으로 바로 펴 주었습니다. 순간 아버지의 손에 자건이 입고 있는 옷의 두께가 느껴졌습니다.

"아니, 얘가 홑옷을 입고 있었다니. 솜옷을 입어도 추운 날씨인데…."

그제서야 아버지는 자건이 왜 그토록 떨었는지 알게 되었습니다. 아버지는 새로 맞이한 아내가 자건을 이렇게까지 심하게 대할 줄 몰랐던 것입니다.

"미안하구나. 아버지가 너무 몰랐다. 그동안 힘들었지? 하지만 이제부터 걱정하지 말아라. 집에 돌아가 당장 새어머니와 헤어지겠다."

화가 난 아버지는 곧바로 발길을 돌려 집으로 돌아가려 했습니다. 그러자 그가 아버지 팔을 잡으며 말했습니다.

"아버지, 안 됩니다. 어머니와 헤어지지 마세요. 만일 아버지와 어머니가 헤어지면 새 동생들이 다른 아버지의 눈치를 받으며 눈물을 흘려야 하잖아요. 아버지, 동생들이 모두 가엾게 되느니 차라리 제가 조금만 참겠어요. 그러니 제발 오늘 일은 모르는 체하세요."

아버지는 눈물을 흘리며 자건의 어깨를 꼭 안아 주었습니다. 그날 저녁 집으로 돌아온 아버지는 자건이 잠든 뒤에 아내에게 오늘 아들이 했던 이야기를 들려주었습니다. 그 뒤 자신의 잘못을 깨달은 계모는 자건을 극진하게 보살펴 주었습니다.[44]

보잘것없는 사람들이 우리 마음의 주인이 된다면, 자건처럼 계모로부터 고통받고 모욕받고, 조롱을 당하는 상황이라도 동생들을 위해 자기 자신을 내주는 사랑의 실천을 하게 됩니다. 보잘것없는 사람 안에서 부활하신 예수님이 살아 계시다는 확신이 들면 자건처럼 할 수 있습니다. 그래서 예수님은 수난 때 먹을거리로 당신을 사람들에게 내주십니다. 우리를 너무도 사랑하셔서 모욕거리로, 업신여김으로, 조롱거리 등의 먹을거리로 내놓으십니다. 이처럼 먹을거리로 자신을 내놓는 예수님의 삶을 닮는다면, 우리도 자건처럼 고통받더라도 동생들이 사랑스러워 자신의 모든 것을 내놓으며 예수님을 닮게 될 것입니다.

그러면 예수님은 어떻게 제자들에게 부활을 확신시키십니까? 단순히 나타났다가 휙 사라지는 것을 통하여 확신시키지는 않습니다. 예수님은 당신의 발현이 없어도 알아볼 수 있도록 확신을 심어 주십니다. 그래서 예수님은 젖 먹이는 작업과 젖 떼는 작업을 통해서 고기 잡는 법까지도 가르쳐 주십니다. 즉 젖 먹이는 작업은 울고 있는 막달라 여자 마리아에게 그리고 엠마오로 가는 두 제자에게 '현장(옆)'에 나타나면서 알아보게 만드는 일입니다. 젖 떼는 작업은 '티베리아스 호숫가의 일곱 제자들'(요한 21,1-14)이 알아보기 시작한 것처럼 조금 멀리서 알아볼 수 있게 하시는 일입니다. 그리고 여러 번 나타나셔서 제자들이 확신을 가지도록 도우십니다. 고기 잡는 법을 가르쳐 준다는 말은 예수님의 발현이 없어도 알아볼 수 있게 한다는 것으로, 공생활을 통하여 예수님을 맞들이고 닮아 가면서 인격적인 만남이 깊어짐에 따라 부활하신 예수님을 확신하게 되는 것을 이릅니다. 그래서 "내가 세상 끝 날까지 언제나 너희와 함께 있겠다"(마태 28,20)는 말씀을 통하여 부활하신 예수님이 확신으로 다가오고 내 마음이 주인이 되어 움직일 때, 우리는 목숨을 버리는 것과 같이 우리의 귀중한 것을 모두 내놓을 수 있는 사랑을 실천할 수 있습니다. 이렇게 사랑할 때 하느님과의 일치에 한층 가까이 갈 수 있습니다.

제7장
일치 기도

●

기도의 궁극적인 목표는 '사랑의 길'의 절정인 하느님과 완전히 일치하는 기도에 도달하는 것입니다. 우리가 예수님의 부활을 확신하게 되어 우리가 가진 귀중한 것을 모두 내놓고, 그것도 그 행위 자체가 의식되지 않는 무위의 행위로 한다면, 이때에 기도의 목표인 하느님과 일치되는 기도를 하게 됩니다. 이 일치의 기도에서 사랑은 극치를 이루며, 뿌리 차원의 참된 정화를 통하여 하느님과 하나 되는 상태에서 자기 '존재를 내주는' 일이 이루어집니다. 이것은 우리가 하느님과 누리게 되는 지극히 높은 단계의 일치로, 사랑의 일치이자 의지의 일치입니다.

이때 우리가 가진 모든 것은 하느님을 위한 것이 되며 어떤 상황에서도 하느님의 뜻을 실천하게 됩니다. 물 한 방울이 강이나 바다에 떨어져 하나가 되듯이, 이때 우리도 하느님과 하나가 됩니다. 우리의 존재 전체가, 우리의 모든 능력들이 '하느님을 찬미하고 그분을 섬기기 위해서'[45] 하나가 되는 것입니다. 일치 이전의 기도 단계에서 우리를 고통스럽게 하던 것 중의 하나가 바로 우리의 능력들이 갈라져 있음을 보는 것입니다. 때로는 지성과 의지와 상상이 갈라져 헤매고 있습니다. 그러나 지금 이 일치 기도의 단계에서는 모든 것을 하느님과 함께하고 있기 때문에 그 일치 안에서 우리의 전 존재는 송두리째 하느님을 위한 것이 됩니다. 그리고 이 영적 조화는 우리의 모든 행동과 모든 일 안에 번져 나오는데, 무위로써 모든 것을 해야 완전하게 됩니다.

무위로 한다는 것은 어떤 것들에 신경을 쓰지 않음으로써 받아들여 사라지게 만드는 것입니다. 비운다는 것은 생각뿐만 아니라 무의식으로부터도 자유로워진다는 것이고, 그렇게 되면 걸을 때 걷고, 말할 때 말하고, 들을 때 들으면서 행위하게 되고 그것이 바로 무위로써 하는 것입니다. 욕심·성공·성취감 같은 것은 우리가 무위로 하지 못하게 만듭니다. 왜냐하면 무위로 한다는 것은 수고의 결과를 기대하지 않고 일하는 것이며, 성공이나 실패에 신경 쓰지 않고 올바른 행동에 몰두하는 것이기 때문입니다. 어떤 것도 얻으려고 노력하지 말아야 하며 대가를 받으려고도 하지 않게 될 때 무위로 하는 것입니다. 무위로써 기도할 때가 하느님과 일치의 기도를 참되게 드리는 때입니다.

나뭇잎들이 천지간에 휘날리는 늦가을이었습니다. 스승과 제자가 낙엽을 밟으며 마을로 향하는 산길을 걷고 있었습니다. 앞서가던 스승이 갑자기 걸음을 멈추더니 길가에 떨어져 있는 낡은 종이를 제자에게 주워 오라고 일렀습니다. 제자는 시키는 대로 했습니다.

"무슨 종이냐?"

스승이 제자에게 물었습니다. 제자는 은은하게 풍기는 향기를 맡으며 대답했습니다.

"향을 쌌던 종이인가 봅니다. 아직 향기가 남아 있습니다."

스승과 제자는 다시 가던 길을 재촉했습니다. 마을이 가까워질수록 길은 오가는 사람들로 붐볐고 내다 버린 쓰레기로 좋지 못한 냄새까지 났습니다. 스승은 고개를 반쯤 숙이고 묵묵히 걸어가다가 길에 떨어져 있는 새끼줄을 보았습니다. 스승은 제자에게 다시 그것을 줍게 하였습니다. 스승은 제자에게

"무엇에 썼던 것이냐?"

하며 이미 알고 있다는 듯이 궁금한 기색 없이 물었습니다. 제자는 새끼줄 든 손을 멀찌감치 하고 대답했습니다

"생선을 꿰었던 모양입니다. 비린내가 아직 남아 있습니다."

스승이 조용히 말하였습니다.

"사람의 마음자리는 원래 깨끗하지만 자신의 처지에 따라 달라지는 법이다. 즉 어진 사람을 친구로 하면 선함과 의리가 함께하고, 어리석은 사람을 친구로 하면 죄와 재앙이 함께하는 것이다. 아까 그 종이는 향을 가까이했

기에 향기가 나고, 이 새끼줄은 생선을 꿰었던 것이기에 비린내가 나는 것과 같은 이치이다. 사람들은 자신도 모르는 사이에 주변의 환경에 조금씩 물들어가지만 그것을 잘 모를 뿐이다."[46]

향수가게에 들어가 향수를 사지 않고 나왔을 때도 향수 냄새가 나고, 병원에 갔다 오면 소독약 냄새가 납니다. 이것은 모두 자연스러운 현상들입니다. 목이 마를 때 물을 마시는 것이 자연스러운 것과 같이, 어떤 어려움이 있다 할지라도 자기 자신이 그것을 원할 때 자연스럽게 할 수 있고 무위로 하게 됩니다. 기도가 어렵고 힘들더라도 그것을 원하고 받아들이면, 그것은 자연스럽게 그 자체로 기도가 됩니다. 상대방의 이야기를 들을 때 자신의 생각을 가지지 말고 마음속에 갖고 있는 것을 잊어버리고 그의 말만 듣는 것이 자연스러움입니다. 그러면 그가 하는 이야기를 이해할 것입니다. 이야기를 들을 때 그가 하는 이야기에 비교할 어떤 생각을 갖고 있다면, 모든 것을 들을 수 없고 상대방에 대한 이해는 일방적이 될 것이며 그것은 자연스러움이 아닙니다. 기도 중에 내가 무엇을 말하려고 하는 것이 아니라 모든 것이 흘러가게 놓아두고 하느님을 받아들이는 것이 진정한 기도이고, 자연스러움이며 무위의 기도입니다. 내가 어떤 것을 한다는 생각에 얽매여 있기 때문에 부자연스러운 것이 되고 진정한 기도를 할 수 없습니다.

'대지'의 작가 고故 펄벅 여사에게 한국 여행 가운데 가장 인상적인 것을 물었습니다. 여사는 소달구지에 짚단을 싣고 소를 모는 한 농부가 역시 짚단을 지게에 가득 지고 가는 장면을 보았을 때라고 대답했습니다. 등짐을 소달구지에 얹고 갈 수도 있을 텐데, 소의 수고를 감안하여 굳이 지고 가는 것입니다. 그 등짐을 얹어서 소가 힘이 들고 안 들고는 별개의 문제입니다. 더 힘이 들 것이라는 인간의 마음이 그 얼마나 아름다우냐는 것입니다.[47]

황희 정승이 길을 가다가 밭을 갈고 있는 두 마리의 소를 보고 농부를 불러 어느 소가 밭을 더 잘 가느냐고 물었을 때, 농부가 귓속말로 대답했다는 고사古事는 널리 알려져 있습니다. 소가 사람의 말을 알아들을 리는 없다고 하지

만, 어느 한쪽의 소를 불쾌하게 하고 싶지 않은 아름다운 마음의 발로를 그에게서 보게 됩니다.[48]

이렇듯 자기 자신의 생각을 비울 때 짐을 끌고 가는 소의 마음까지도 있는 그대로 보게 됩니다. 자연스럽게 사물을 있는 그대로 받아들이는 것, 자연스럽게 하느님을 그대로 받아들이는 것, 이 모든 것을 있는 그대로 자연스럽게 받아들이는 것이 무위의 기도이고 일치의 기도입니다.

눈이 사물을 대하더라도 아무런 생각을 하지 않으면 사물을 인지하지 못하듯이, 주위가 아무리 시끄러워도 그것을 생각하지 않으면 소리를 인지하지 못합니다. 그러면 소리는 있지만 동요는 생기지 않습니다. 무엇이 있거나 없거나 생겨나고 없어지게 하는 것도 어떤 사물 자체로 정해진 법이 아니라 반드시 마음이 끌려서 인식이 행하여질 때 생기는 일입니다. 나아가서 세계 속의 온갖 괴로움이나 즐거움도 본래 진실로 있는 것이 아니라 마음이 지어낸 것임을 알아야 합니다.

언젠가는 우리 모두가 죽을 것이기에 우리에게 닥치

는 온갖 고통과 괴로움을 두려워할 필요가 없다는 것을 마음속에 깊이 간직해야 합니다. 우리의 생명은 곧 끝날 것이기 때문에 우리가 세상에 대해 죽을 준비를 하여 세상에 죽어야 합니다. 그래야 세상은 우리가 좋아하든 싫어하든 우리에게 아무런 영향도 끼칠 수 없을 것입니다. 하느님께 관심을 기울여 이 세상에서 마치 죽은 것처럼 행동한다면, 우리는 타락하지 않을 것이고 하느님과 하나가 될 수 있을 것입니다. 그래서 그레고리오 성인도 "이 세상에 대해 죽은 사람만큼 하느님을 많이 소유할 수 있는 사람은 아무도 없다"고 말하였습니다.

자연스러움을 가지고 무위로 기도하게 되면 생각을 멈추려고 애쓰지 않아도 저절로 생각이 멈추어지게 됩니다. 무엇인가 떠오르면 들어오게 하고 다시 나가게 하십시오. 생각을 멈추고자 애쓰면 멈추려는 생각에 의해 자신이 잡히게 됩니다. 그것을 어떻게 하려고 하면 내 마음의 파도는 심해지고 그것을 놓아두면 파도는 잠잠해집니다. 자신의 생각이 파도를 만듭니다. 그렇기 때문에 가만히 놓아두면 잠잠해지고 고요해지는 것입니다. 내가 하려고 하는 행위나 행동이 바로 마음의 파도입니다. 우리가 삶을 제대로 산다는 것은 가슴속에서 일어나는 깊은 원의를 아는 것으로, 무엇을 바라고 무엇을 하고 있는지를 아는 것입니다. 그래서 우리 자신에게서 나오는 욕망이 어디서 일어나고 어디로 흘러가는지를 보아야 합니다. 억누르거나 판단하지 말고 그것과 있는 그대로 대면하여 만나야 합니다. 인정받으려고 노력하는 것이 아니라 무위의 행위를 하게 될 때, 하느님과 일치하고 있다는 자체도 의식하지 못하면서 하느님과 일치하게 됩니다. 이렇게 될 때 우리는 자연스럽게 하느님과 하나가 될 것이며 하느님과 일치하기 위한 여정을 마치게 될 것입니다.

인용문의 출처

1_ 최효섭, 《현대 예화 사전》, 쿰란출판사, 1995, 18-19쪽.

2_ 본문 내용 중에서 제2장 2절 참조.

3_ 최효섭, 《현대 예화 사전》, 쿰란출판사, 1995, 799-800쪽.

4_ http://www.kormenass.co.kr/aboard/detail.htm?no=444&infor=7&page=1&search_choice=&search_text=&del_admin=

5_ 정규한, 《가슴으로 드리는 기도》, 성서와함께, 2000, 36-39쪽.

6_ '성령이 주시는 생명': 로마서 8,1-17.

7_ 예화 자료 1, 2, 3 참조(http://kmc.or.kr/cgi-bin/main.cgi?board=pastodat&number=3&ryal=&back=).

8_ 십우도十牛圖는 심우도尋牛圖라고도 하는데, 소를 찾아 나서는 것에 비유하여 선 수행의 단계를 그림으로 묘사한 것이다. 선종에서는 노동과 관련 있는 소를 등장시켜 선 수행의 단계를 비유하여 10가지 그림으로 묘사한다. 곽암의 십우도는 잃어버린 소를 찾아 나서서 소를 보고 잡아 끌어서 마침내 소와 내가 하나가 되어 일상생활로 되돌아가는 순서를 그리고 있다.

9_ 요코야마 고이츠, 《십우도 마침내 나를 얻다》, 장순영 역, 들녘, 2001, 14쪽.

10_ 위의 책, 15-18쪽.

11_ http://lodem1004.net/board/form.php?db=board&mode=reply&no=1974&num=118&page=1&field=&keyword=

12_ http://nyjcc.com/bbs/zboard.php?id=b1&no=672

13_ 정규한, 《가슴으로 드리는 기도》, 성서와함께, 2000, 110-115쪽.

14_ 〈생활성서〉, 2003년 8월호, 71-73쪽.

15_ http://www.goodwinners.org/cgi-bin/goodwinners/read.cgi?board=essay_youth&y_number=114

16_ http://mokja.net/way-board/way-board.cgi?db=ker&j=v&no=48&pg=7

17_ http://hanaim.or.kr/asp/serboard/board/detailphp?no=84&id=serboard&page_num=10&keyword=&word=

18_ 정규한, 《가슴으로 드리는 기도》, 성서와함께, 2000, 55-57쪽.

19_ 정규한, 《가슴으로 드리는 기도 2》, 성서와함께, 2002, 147-158쪽.

20_ http://www.donga.com/fbin/output?n=200411170209

21_ 정규한, 《가슴으로 드리는 기도 2》, 성서와함께, 2002, 134쪽.

22_ 정규한, 《가슴으로 드리는 기도》, 성서와함께, 2000, 105-109쪽.

23_ http://impacteen.smcc.or.kr/board/view_body.php?code=ee&page=21&number=222&keyfield=&key=

24_ http://www.cinemaobea.com/spboard/board.cgi?id=essay&page=5&action=view&number=143.cgi

25_ 헬렌 켈러, 《나의 스승 설리번》, 김명신 역, 문예출판사, 2010, 7-8쪽.

26_ Http://blog.daum.net/_blog/ArticleLastList.do?BLOGID=02Ffx&date=2003-04

27_ http://www.jcross.net/notice/preachy_read.php?bbs_class=65&b_list=187&b_answer=0&page=6

28_ http://www.dongmoonch.or.kr/board/board.cgi?bname=board2&action=view&unum=30&page=6

29_ http://www.ff114.co.kr/zeroboard/zboard.php?id=sayoun&page=1&sn1=&divpage=1&sn=off&ss=on&sc=on&select_arrange=reg_date&desc=asc&no=30

30_ http://seungdong.org/cgi/sdboard/read.cgi?board=sunday&y_number=76 참조.

31_ 정규한, 《가슴으로 드리는 기도 2》, 성서와함께, 2002, 95쪽 참조.

32_ 위와 같음.

33_ http://blog.joins.com/media/folderlistslide.asp?uid=kapbuu&folder=8&list_id=3828099

34_ 《장자》 제물론 26-27 참조.

35_ 《법구경》 애호품 210-211.

36_ 《성 이냐시오의 영신수련》 23번.

37_ 최효섭, 《현대 예화 사전》, 쿰란출판사, 1995, 409쪽. 또는 http://see.youngnak.net/full/s005/read.cgi?board=media_mission&y_number=3084&nnew=2

38_ 정규한, 《가슴으로 드리는 기도》, 성서와함께, 2000, 71-77쪽.

39_ http://www.dongmoonch.or.kr/board/board.cgi?bname=board2&action=view&page=1&unum=95

40_ http://swim.org/svoice/2001/2/1.html

41_ 허성도, 《도시를 걷는 낙타》, 사람과책, 1994. 또는 http://www.zestar.co.kr/blog/?arc=2004_12&id=blog

42_ 정규한, 《가슴으로 드리는 기도 2》, 성서와함께, 2002, 122-129쪽.

43_ http://yonghae.net/index.php?m=3&doc=home/gnuboard.php&bo_table=love&page=1&wr_id=190

44_《논어》, 선진 4장; http://www.cbck.or.kr/pds/period/samok/s1998/S9804/9804%BB%E7%B8%F1%C0%DA%B7%E1.htm

45_《성 이냐시오의 영신수련》 23번.

46_《법구경》 쌍서품. http://joajilrago.pe.kr/wwwboard-3.0.1/CrazyWWWBoard.cgi?db=board1&mode=read&num=2852&page=464&ftype=6&fval=&backdepth=10 참조.

47_ http://cafe.daum.net

48_ 위와 같음.

가슴으로 드리는 기도 3
하느님과의 일치를 향한 여정

서울대교구 인가: 2005년 11월 2일
초판 1쇄 펴낸날: 2005년 11월 22일
수정판 1쇄 펴낸날: 2009년 3월 14일
수정신판 1쇄 펴낸날: 2017년 1월 20일
지은이: 정규한
펴낸이: 조현영
펴낸곳: 성서와함께
06910 서울특별시 동작구 흑석로13길 7
Tel (02) 822-0125~7 / Fax (02) 822-0128
http://www.withbible.com
e-mail: order@withbible.com
등록번호 14-44(1987년 11월 25일)

ⓒ 정규한 2005

ISBN 978-89-7635-314-6 93230

이 도서의 국립중앙도서관 출판예정도서목록(CIP)은
서지정보유통지원시스템 홈페이지(http://seoji.nl.go.kr)와
국가자료공동목록시스템(http://www.nl.go.kr/kolisnet)에서
이용하실 수 있습니다. (CIP제어번호 : CIP2017000618)